DCG 2

DROIT DES SOCIÉTÉS ET DES GROUPEMENTS D'AFFAIRES

FICHES DE RÉVISION

3e édition

W0341369

Pascale David
Agrégée d'économie et gestion
Professeur en classes préparatoires à l'expertise comptable

Élise Grosjean-Leccia
Agrégée d'économie et gestion
Professeur en classes préparatoires à l'expertise comptable

en partenariat avec

DUNOD
leader de l'expertise comptable

EDITIONS FRANCIS LEFEBVRE

Crédits iconographiques

p. 10 : © Location by Iga from the Noun Project ; p. 14 : © laws by iconpacks from the Noun Project ; © right bracket by Daniel Nochta from the Noun Project ; © Law by Lakshisha from the Noun Project ; © Zoom by Dima Lagunov from the Noun Project ; © Arrow by Adrien Coquet from the Noun Project ; p. 27 : © people by Fauzan Adiima from the Noun Project ; © manager by Gregor Cresnar from the Noun Project ; p. 44 : © decrease by shashank singh from the Noun Project ; p. 59 : © verified by Arunkumar from the Noun Project ; © Gavel by Iconic from the Noun Project ; p. 104 : © Puzzle by mpanicon from the Noun Project.

Maquette de couverture : Hokus Pokus
Maquette intérieure : Yves Tremblay
Mise en page : Nord Compo

Le pictogramme qui figure ci-contre mérite une explication. Son objet est d'alerter le lecteur sur la menace que représente pour l'avenir de l'écrit, particulièrement dans le domaine de l'édition technique et universitaire, le développement massif du photocopillage.
Le Code de la propriété intellectuelle du 1er juillet 1992 interdit en effet expressément la photocopie à usage collectif sans autorisation des ayants droit. Or, cette pratique s'est généralisée dans les établissements d'enseignement supérieur, provoquant une baisse brutale des achats de livres et de revues, au point que la possibilité même pour les auteurs de créer des œuvres nouvelles et de les faire éditer correctement est aujourd'hui menacée. Nous rappelons donc que toute reproduction, partielle ou totale, de la présente publication est interdite sans autorisation de l'auteur, de son éditeur ou du Centre français d'exploitation du droit de copie (CFC, 20, rue des Grands-Augustins, 75006 Paris).

DANGER
LE PHOTOCOPILLAGE TUE LE LIVRE

© Dunod, 2021
11 rue Paul Bert, 92240 Malakoff
www.dunod.com
ISBN 978-2-10-082936-1

Le Code de la propriété intellectuelle n'autorisant, aux termes de l'article L. 122-5, 2° et 3° a), d'une part, que les « copies ou reproductions strictement réservées à l'usage privé du copiste et non destinées à une utilisation collective » et, d'autre part, que les analyses et les courtes citations dans un but d'exemple et d'illustration, « toute représentation ou reproduction intégrale ou partielle faite sans le consentement de l'auteur ou de ses ayants droit ou ayants cause est illicite » (art. L. 122-4).
Cette représentation ou reproduction, par quelque procédé que ce soit, constituerait donc une contrefaçon sanctionnée par les articles L. 335-2 et suivants du Code de la propriété intellectuelle.

Sommaire

Avant-propos

Bienvenue dans l'univers des fiches de révision Expert Sup !

Retrouvez l'essentiel du programme en **cinq mots-clés**.

❶ Mobiles

Les fiches sont détachables ! Elles permettent donc de réviser en toutes circonstances pour des usages variés : glissées dans le manuel, en complément du cours, à emporter partout pour optimiser votre temps (dans les transports, entre deux cours...), etc.

#Détachable #Pratique #Utile #Nomade

❷ Simples

La structure des fiches est basique et claire. Chaque fiche comporte des titres et rubriques aisément repérables, des mots-clés, des notions essentielles surlignées.

#Clair #Concis #Efficace #PrêtÀRéviser

❸ Visuelles

Les fiches détachables Dunod reprennent l'essentiel du cours comme vous auriez pu le faire. Les informations les plus importantes ont été sélectionnées et mises en avant dans les rubriques ou surlignées dans le texte.

Des schémas, tableaux et autres synthèses facilitent la mémorisation du cours.

#Synthétique #Visuel #Structuré

❹ Ergonomiques

La navigation d'une fiche à l'autre est aisée : les nombreux renvois vous guident et vous permettent de progresser à votre rythme tout en liant les notions du programme. La lecture n'est donc pas nécessairement linéaire.

#Souple #Complémentaire

❺ Fidèles au programme

100 % conformes au nouveau programme applicable depuis la rentrée 2019, les fiches couvrent toutes les notions incontournables. À la fin de chaque fiche, la rubrique « Le + de l'expert » vous offre de précieux conseils pour faire la différence lors de l'épreuve.

#Fiable #RéussiteAssurée

Table des sigles et abréviations

AG : assemblée générale

AGE : assemblée générale extraordinaire

AGO : assemblée générale ordinaire

ALPE (mission) : audit légal des petites entreprises

AMF : Autorité des marchés financiers

Balo : bulletin des annonces légales obligatoires

Bodacc : bulletin officiel des annonces civiles et commerciales

C. civ./com. : Code civil/de commerce

CA : conseil d'administration

CAA : commissaire aux apports

CAC : commissaire aux comptes

CAHT : chiffre d'affaires hors taxes

CAT : commissaire à la transformation

CDC : Caisse des dépôts et consignations

CFE : centre de formalités des entreprises

CJUE : Cour de justice de l'Union européenne

DG : directeur général

DGD : directeur général délégué

DGU : directeur général unique

DPS : droit préférentiel de souscription

EARL : entreprise agricole à responsabilité limitée

EI : entreprise individuelle

EIRL : entreprise individuelle à responsabilité limitée

EURL : entreprise unipersonnelle à responsabilité limitée

GAEC : groupement agricole d'exploitation en commun

GIE : groupement d'intérêt économique

JAL : journal d'annonces légales

JO(RF) : *Journal officiel de la République française*

LRAR : lettre recommandée avec avis de réception

PCA : président du conseil d'administration

PCS : président du conseil de surveillance

PS : parts sociales

PV : procès-verbal

RCS : registre du commerce et des sociétés

RM : répertoire des métiers

SA : société anonyme

SARL : société à responsabilité limitée

SAS/SASU : société par actions simplifiée/société par actions simplifiée unipersonnelle

SC : société civile (de droit commun)

SCA : société en commandite par actions

SCI : société civile immobilière

SCM : société civile de moyens

Scop : société coopérative de production

SCP : société civile professionnelle

SE : société européenne

SEL : société d'exercice libéral

SELAFA : société d'exercice libéral à forme anonyme

SELARL : société d'exercice libéral à responsabilité limitée

SELAS : société d'exercice libéral par actions simplifiée

SELCA : société d'exercice libéral en commandite par actions

SNC : société en nom collectif

SPE : société pluriprofessionnelle d'exercice

1 Sources et évolutions du droit des sociétés

Mots-clés

Droit européen • Évolution • Loi Pacte • Sources du droit

1 Sources du droit des sociétés

Définition

Le **droit des sociétés** regroupe l'ensemble des règles juridiques qui régissent la vie des sociétés, de leur constitution à leur dissolution.

Le droit des sociétés est un droit éclaté. De nombreuses sources existent, qu'il convient de distinguer. Il est fortement influencé par le droit européen.

Sources européennes et nationales du droit des sociétés

Droit européen	Droit national
• Directives instaurant des normes minimales dans des domaines divers (ex. : protection des intérêts et des droits des actionnaires) et permettant l'harmonisation des législations nationales. • Création de nouveaux types de groupements (ex. : GEIE, société européenne).	• Loi – Code civil : dispositions générales applicables à toutes les formes de sociétés (articles 1872 et 1873), réglementation de la SC et de la SEP. – Code de commerce : dispositions relatives aux sociétés commerciales (SNC, SCA, SARL, SAS, SA) et aux GIE, dispositions pénales applicables à certaines sociétés commerciales. – Code monétaire et financier : dispositions relatives aux sociétés faisant offre publique de titres. • Jurisprudence Interprétation de la loi ou création de règles par le juge pour trancher les conflits. • Contrat de société (statuts), d'association, de GIE réglementant les relations entre les membres. Statuts soumis à publication, inopposables aux tiers.

2 Évolutions du droit des sociétés

Le droit des sociétés a souvent accompagné les mutations économiques. Les différentes formes sociétaires ont toujours été créées pour répondre à des besoins. L'histoire récente du droit des sociétés reflète celle de la France contemporaine, aux prises avec deux contraintes contradictoires :

- la mondialisation et le libéralisme ;
- l'universalisme et le principe d'égalité entre les associés.

Évolutions du droit des sociétés

La **loi Pacte** du 22 mai 2019 illustre à la fois :

- l'influence du droit européen puisque les nouveaux seuils d'intervention des CAC dans les structures françaises sont calqués sur ceux de la directive comptable de 2013 ;
- la volonté du législateur de laisser de la liberté aux petites structures, qui n'auront plus l'obligation de nommer un CAC.

A contrario, la loi du 9 décembre 2016 relative à la transparence, à la lutte contre la corruption et à la modernisation de la vie économique, dite loi Sapin II, prévoit plusieurs mesures visant à renforcer les pouvoirs de l'Autorité des marchés financiers (AMF), et donc le contrôle de l'administration sur les grandes sociétés.

LE + DE L'EXPERT

Le droit des sociétés balance entre liberté et contrôle.

2 Choix d'une structure juridique

Mots-clés

EIRL • Entreprise individuelle • Groupement d'affaires • Société

A. Typologie des sociétés et groupements d'affaires

Définitions

- Le **groupement d'affaires** est une structure juridique permettant l'exercice d'une activité économique.
- La **société** est un contrat entre deux ou plusieurs personnes qui conviennent d'affecter à une entreprise commune des biens ou leur industrie, en vue de partager le bénéfice ou de profiter de l'économie qui pourra en résulter. Elle peut être instituée, dans les cas prévus par la loi, par l'acte de volonté d'une seule personne. Les associés s'engagent à contribuer aux pertes (C. civ., art. 1832).

Typologie des groupements d'affaires

En fonction du but recherché			
But lucratif	• Sociétés • GIE	But autre que lucratif	• Associations • Coopératives
En fonction de la responsabilité des membres ou des besoins financiers			
Société de capitaux (ou par actions)		**Sociétés de personnes**	
• Sociétés qui ont des besoins financiers importants, certaines pouvant faire appel aux marchés financiers. • Elles émettent des actions. • Les actionnaires ont une responsabilité limitée aux apports.	• SA • SCA • SAS	• Sociétés dans lesquelles compte la personne de l'associé. • Elles émettent des parts sociales. • Associé engagé sur son patrimoine personnel vis-à-vis des dettes sociales.	• SNC • SC
La SARL a une nature hybride. Elle émet des parts sociales mais les associés voient leur responsabilité limitée aux apports.			
En fonction du domaine économique ou de l'activité exercée			
Sociétés civiles		**Sociétés commerciales**	
Activité de nature civile (immobilière, agricole, libérale).	• SCI • SCP, SCM	La commercialité peut être liée à la forme de la société ou à son objet.	• SA, SAS, SARL, SNC, SCA
Certaines structures bénéficient d'un statut spécial pour des activités soumises à une réglementation spécifique.			• Coopératives • SEL

En fonction du nombre de membres			
Structures pluripersonnelles		**Structures unipersonnelles**	
Plusieurs membres	• Société • Association • GIE	Un seul membre	• Société unipersonnelle (SASU, EURL) • Entreprise individuelle (EI, EIRL)

B. Critères de choix d'une structure juridique

Définitions

- Une **entreprise individuelle** est la propriété exclusive d'une personne physique. L'entrepreneur exerce son activité sans avoir créé de personne juridique distincte (Insee).
- L'entrepreneur individuel à responsabilité limitée (**EIRL**) est une forme d'entreprise individuelle dans laquelle l'entrepreneur a affecté une partie de son patrimoine à son activité.

Comparaison des différentes structures juridiques

Forme	Avantages	Inconvénients
Entreprise individuelle (EI)	• Facilité de création • Souplesse de fonctionnement (ex : absence d'AG) • Entrepreneur, seul maître à bord	• Responsabilité illimitée (absence de patrimoine séparé), même si la résidence principale est insaisissable • Risques patrimoniaux qui peuvent être limités par une déclaration d'insaisissabilité pour les autres biens immeubles
EIRL	• Mêmes avantages que l'EI • Responsabilité limitée aux éléments du patrimoine affectés à l'activité	Crédibilité plus limitée auprès des partenaires
Société	• Création d'une personne morale indépendante qui dispose de son propre patrimoine • Financement facilité	• Partage du pouvoir • Formalités et coûts de constitution et de fonctionnement

LE + DE L'EXPERT

- L'EIRL doit être conseillée à une personne souhaitant entreprendre seule et protéger son patrimoine.
- La forme sociétaire doit être conseillée à un entrepreneur qui souhaite protéger son patrimoine (pour les sociétés dont la responsabilité est limitée aux apports) et s'associer.

3 Nature juridique de la société et intérêt social

Mots-clés

Abus de majorité • Abus de minorité • Contrat • Entreprise à mission • Intérêt social

1 Nature juridique de la société

La société est constituée par un **contrat** conclu entre les associés, puis elle devient une personne morale à la suite de son immatriculation.

Double nature juridique de la société

Société-contrat	Société-personne morale (« institution »)
• La création d'une société nécessite un contrat, les statuts, fruit de la volonté des parties, les associés. • Le contrat de société doit respecter des conditions générales de validité des contrats (consentement et capacité des parties, contenu licite ↪ fiche 4). • Parfois impérative, la loi renvoie également aux statuts pour régir le fonctionnement des sociétés (↪ fiche 4).	• Le contrat ne suffit pas à la création d'une société : des formalités de publicité (l'immatriculation) sont obligatoires pour la reconnaissance de son existence juridique (↪ fiche 6). • Une fois la personnalité morale acquise, la société fonctionne selon des principes parfois incompatibles avec la liberté contractuelle (ex. : recours à la majorité pour prendre les décisions, reconnaissance de l'existence d'un intérêt social).

2 Reconnaissance d'un intérêt social

A. Notion d'intérêt social

Définition

L'**intérêt social** est l'intérêt propre de la société en tant que personne morale.

Conceptions de l'intérêt social

Intérêt des associés (société-contrat)	Intérêt de l'entreprise (société-personne autonome)
• Accroissement maximum du rendement pour les associés (les dividendes) • Accroissement maximum de la valeur des titres détenus par les associés (actions ou parts sociales)	• Intérêt des associés mais aussi des autres acteurs : salariés, partenaires (clients, fournisseurs), État • Recherche de prospérité et de continuité des activités de l'entreprise (pérennité)

La loi Pacte du 22 mai 2019 a notamment créé le statut d'**entreprise à mission**.

La loi Pacte, une assise légale à l'intérêt social

Art. 1833 C. civ. après la loi Pacte
« La société est gérée **dans son intérêt social**, en prenant en considération les enjeux sociaux et environnementaux de son activité. »

- Absence de définition précise de la notion d'intérêt social : latitude quant à son interprétation et à son application
- Absence de nullité en cas de non-respect

Art. 1835 C. civ. après la loi Pacte
Faculté de faire figurer une « **raison d'être** » dans les statuts d'une société, quelle que soit sa forme juridique

→ Base légale à l'existence d'une « entreprise à mission » pour les sociétés commerciales (sous réserve de déclaration au RCS)

Principes dont la société se dote et pour le respect desquels elle entend affecter des moyens dans la réalisation de son activité

Dessein, ambition, considération générale tenant à l'affirmation de valeurs ou de préoccupations de long terme

Conséquences	Modalités
Possibilité, pour une société commerciale, de faire publiquement état de la qualité de société à mission	• Création d'un comité de mission chargé du suivi (rapport joint au rapport de gestion), distinct des organes sociaux et incluant au moins un salarié • Vérification de l'exécution des objectifs sociaux et environnementaux par un organisme tiers indépendant

B. Protection de l'intérêt social

Nécessaire protection de l'intérêt social

En cas de violation de l'intérêt social par le dirigeant	En cas de violation de l'intérêt social par les associés
• Mise en œuvre de sa responsabilité (civile : faute de gestion ou pénale : abus de biens sociaux) (↳ fiche 34) • Juste motif de révocation par les associés	• **Abus de majorité** : – vote des associés majoritaires – contraire à l'intérêt social – émis dans le seul but de favoriser les membres de la majorité Le juge peut décider le versement de dommages et intérêts aux minoritaires et à la société, ainsi que la nullité de la décision adoptée (ex. : mise en réserve systématique des bénéfices). • **Abus de minorité** : – opposition des minoritaires à l'adoption d'une décision – dans leur intérêt personnel – empêchant la réalisation d'une opération essentielle pour la survie de la société • Le juge peut ordonner le versement de dommages et intérêts aux associés majoritaires, ainsi que la nomination d'un mandataire chargé de voter à la place des minoritaires (ex. : l'opposition des minoritaires à la prorogation de la société arrivée à son terme).

▶ **Exemples**

Présence d'un abus de majorité

La Cour de cassation, dans un arrêt du 24 mai 2016 (Cass. com., pourvoi n° 14-28.121), a jugé qu'il y avait abus de majorité par un groupe d'associés majoritaires qui avait vendu un terrain et un immeuble, appartenant à la SCI dans laquelle ils étaient associés, à un prix bien inférieur à sa valeur réelle.

Absence d'abus de majorité

Deux associés d'une (SARL) détenant ensemble 51 % du capital social approuvent, en assemblée générale, la hausse de rémunération que l'un d'eux, unique gérant de la SARL, s'est versée au titre des mois précédents (de 3 000 à 6 000 € mensuels) ainsi que l'octroi d'une prime de 42 500 €. Une cour d'appel condamne, pour abus de majorité, les associés majoritaires à verser des dommages et intérêts à l'associé minoritaire, estimant que leur décision était contraire à l'intérêt social puisque la hausse de la rémunération et la prime ne correspondaient pas à un accroissement de la charge de travail du gérant. La Cour de cassation (Cass. com., pourvoi n° 18-24.732) casse l'arrêt de la cour d'appel, au motif que cette dernière aurait dû rechercher, comme cela lui avait été demandé par les associés majoritaires, si ces rémunérations additionnelles n'étaient pas justifiées par l'accroissement du chiffre d'affaires de la SARL sur cette période. ◀

Moyens de protection de l'intérêt social

Nomination par le juge d'un expert de gestion	Nomination par le juge d'un administrateur provisoire
Le juge peut, sur demande des associés, nommer un expert chargé de faire un rapport sur une opération de gestion contestée par les associés, et susceptible de porter atteinte à l'intérêt social.	Lorsque la gestion de la société est paralysée par la mésentente ou la carence des organes sociaux, la protection de l'intérêt social peut amener le juge à nommer un administrateur provisoire.

▶ **Exemple**

Un associé d'une SARL de travaux publics obtient devant les juges du fond la désignation d'un expert de gestion afin d'apprécier l'opportunité de trois opérations qu'il conteste :

- la vente d'un immeuble par la SARL à une SCI (les deux sociétés avaient le même gérant) ;
- le projet de cession de la quasi-intégralité de l'actif social immobilier ;
- la mise en réserve systématique des bénéfices dans la réserve légale.

La Cour de cassation refuse la désignation de l'expert pour la dernière décision, qui relève du pouvoir des associés (Cass. com., pourvoi n° 13-09-2017). ◀

LE + DE L'EXPERT

L'intérêt social représente la boussole à utiliser par l'ensemble des acteurs tout au long de la vie sociale (dirigeants, associés, juge…) pour leur permettre de suivre un même cap qui n'est autre que la pérennité de la société.

4 Éléments constitutifs du contrat de société

Mots-clés

Action • *Affectio societatis* • Apport • Associé • Bien commun • Capital social • Contribution aux pertes • Nullité • Offre au public de titres financiers • Partage des bénéfices • Parts sociales • Titres sociaux

1 Associés

Définition

L'**associé** se définit comme la personne qui a fait un apport, qui participe aux bénéfices et aux pertes, et qui a eu la volonté de s'associer.

Conditions relatives aux associés

Nombre	Principe	Une société comprend au moins deux associés.
	Exception	• SARL et SAS unipersonnelles (EURL et SASU) (↪ fiche 19) • 4 associés au moins pour une SCA
	Principe	Aucun maximum n'est prévu
	Exception	100 associés maximum pour la SARL
Capacité	Principe	• Capacité civile requise pour les personnes physiques. Représentation obligatoire des mineurs et des majeurs incapables • Représentation des personnes morales par leur représentant légal pour souscrire à des titres d'une autre société
	Exception	Cas des SNC et des sociétés commandités : qualité de commerçant exigée

2 Apports

Définitions

- L'**apport** est le bien ou l'industrie dont l'associé confère la propriété ou la jouissance à la société, en contrepartie de quoi il reçoit des droits sociaux (actions ou parts sociales), par le biais d'un contrat d'apport.
- La somme des apports en numéraire et en nature constitue le **capital social** (↪ fiche 5).
- Les **titres sociaux** sont remis aux associés en contrepartie de leurs apports ; ils traduisent l'importance de leur participation dans le capital social. On les appelle **parts sociales** dans les sociétés autres que par actions et **actions** dans les sociétés par actions. Ces titres permettent aux associés d'exercer des droits politiques (ex. : vote) et des droits financiers (ex. : dividende) dans la société.

Opération d'apport

Souscription du capital

- Promesse d'apport faite par le futur associé
- Le capital doit être intégralement souscrit

Libération du capital

- Transfert effectif de la propriété de la somme d'argent ou du bien par l'associé à la société
- La libération peut être progressive (selon le type d'apport et le type de société)

Formation du capital social

- Somme des apports en numéraire et en nature
- Figure en haut de passif (dette de la société envers les associés, à rembourser à la dissolution)

Types d'apports

	Définition	Conditions
Apport en numéraire	Somme d'argent	• Souscription intégrale à la constitution • Libération différée dans le temps selon la forme juridique
Apport en nature	Biens, autres que de l'argent, pouvant être évalués financièrement : biens meubles corporels (ex. : machines), biens meubles incorporels (ex. : clientèle), biens immeubles (ex. : terrain, locaux…)	Dans une SARL ou dans une société par actions, intervention en principe obligatoire d'un commissaire aux apports chargé d'évaluer l'apport (intervention facultative dans les SARL et les SAS si certains seuils ne sont pas dépassés : ↪ fiches 14 et 19)
Apport en industrie	Un associé met à la disposition de la société un savoir-faire, son travail, sa notoriété tout en respectant une obligation de non-concurrence à l'égard de la société	• SC, SNC : autorisés • SARL, SAS : possible si prévu par les statuts • SA : interdits • Les apports en industrie figurent dans les statuts mais ils ne sont pas pris en compte dans le calcul du capital social • L'apporteur reçoit des parts inaliénables d'industrie

En cas d'apport d'un **bien commun** dans une société qui émet des parts sociales (SARL, SNC et SC), une procédure doit être respectée :

- l'apport est un immeuble ou un fonds de commerce : le conjoint de l'apporteur doit donner son consentement dans l'acte d'apport ;
- l'apport est un autre bien : l'apporteur doit informer son conjoint et le justifier dans l'acte d'apport. À défaut, le conjoint dispose de 2 ans, à compter de la connaissance de l'apport, pour en demander la nullité.

La qualité d'associé appartient à l'époux émetteur de l'apport. Toutefois, le conjoint peut revendiquer la qualité d'associé à hauteur de la moitié des parts souscrites.

Les titres remis en échange d'un bien commun restent des biens communs.

▸ Exemple

Clause statutaire relative aux apports pour une SARL

Contexte : soit une SARL constituée entre deux associés : M. Minoritaire effectuant un apport en nature et un apport en numéraire et M. Majoritaire réalisant un apport en numéraire et un apport en industrie. La clause suivante pourrait être rédigée :

- **Apports en nature.** M. Minoritaire apporte à la société un véhicule d'une valeur de 1 000 €.
- **Apports en numéraire.** Les associés apportent à la société la somme de 4 000 €. M. Majoritaire apporte la somme de 3 000 €, M. Minoritaire apporte la somme de 1 000 €. Les parts sociales représentant ces apports en numéraire sont libérées à hauteur de 20 % de leur valeur. La somme de 800 euros a été déposée au crédit du compte n° 0123 ouvert au nom de la société en formation auprès de La Banque. Elle sera retirée par la gérance sur présentation du certificat du greffe du tribunal de commerce attestant l'immatriculation de la société au RCS. Les apports en numéraire non libérés seront versés sur appel de fonds du gérant et au plus tard dans les 5 ans de l'immatriculation de la société.
- **Apport en industrie.** M. Majoritaire apporte à la société son activité de sommelier. Cet apport en industrie ne concourt pas à la formation du capital social mais donne lieu au profit de M. Majoritaire à l'attribution de 300 parts sociales ouvrant droit au partage des bénéfices et de l'actif net ainsi qu'à un droit de vote dans les assemblées générales.
- Total des apports formant le capital social de 5 000 €. ◂

3 Participation aux résultats

La participation prend la forme du partage du bénéfice ou du profit, d'une économie et de la contribution des associés aux pertes sociales (↪ fiche 5).

Définitions

- Le **partage des bénéfices** est l'enrichissement pécuniaire des associés résultant de l'action commune, c'est-à-dire de l'action sociale.
- La **contribution aux pertes** est la quote-part qui incombe à chaque associé dans le montant des pertes sociales au moment de la dissolution.

Le partage des bénéfices nécessite la constatation par les associés d'un bénéfice distribuable, autrement dit un résultat comptable positif. Le bénéfice résultant de l'action commune pourra alors être distribué aux associés sous forme de dividendes, mis en réserves ou reporté. Parfois, l'entreprise commune n'a pas pour objectif de réaliser des bénéfices mais plutôt de profiter des économies qu'elle procure (ex. : utilisation de services communs).

4 *Affectio societatis*

Définition

L'*affectio societatis* se définit comme la volonté de chaque associé de collaborer effectivement à l'entreprise commune, dans un intérêt commun et sur un pied d'égalité avec les autres associés. L'entreprise commune est la réalisation de l'objet social.

L'*affectio societatis* est le critère utilisé par le juge pour différencier le contrat de société (qui implique un pied d'égalité) du contrat de travail (qui implique une subordination), par exemple.

5 Nullité des sociétés

Définition

La **nullité** est une sanction qui affecte un défaut intervenant au moment de la constitution de la société.

Régime des nullités

Causes de nullité	SNC, SC	• Absence d'au moins deux associés • Absence ou fictivité d'un apport • Défaut d'*affectio societatis* • Fraude
	SA, SCA	• Constitution par un seul associé • Fraude
	SARL, SAS	• Aucune cause spécifique de nullité • Fraude
Alternative	• Si la règle n'est pas sanctionnée par la nullité, la sanction sera d'une autre nature : les clauses statutaires contraires seraient réputées non écrites.	
Prescription et régularisation	• L'action en nullité se prescrit par 3 ans à compter du jour où la nullité est encourue. • Toutes les causes de nullité peuvent être régularisées à l'exception de celle fondée sur l'illicéité de l'objet social, tant que le tribunal n'a pas statué. • Régulariser une nullité signifie faire disparaître la cause de nullité.	
Effet	• La nullité n'a pas d'effet rétroactif, elle ne vaut que pour l'avenir.	

LE + DE L'EXPERT

- L'**offre au public de titres financiers** est l'opération réalisée par une société et qui consiste :
  – soit à faire acheter les titres qu'elle émet par le biais d'intermédiaires financiers (ex. : les banques) ;
  – soit à communiquer des informations précises qui pourraient permettre à des personnes de décider de souscrire ses titres.
- Toutes les sociétés cotées en Bourse ont procédé à une offre publique de titres.

5 Capital social et capitaux propres, résultat et dividendes

Mots-clés

Bénéfice • Bénéfice distribuable • Capital social • Capitaux propres • Comptes annuels • Dividendes • Participation aux résultats

1 Capital social et capitaux propres

Définitions

- Le **capital social** est la somme des apports en nature et en numéraire (libérés ou non) effectués par les associés, lors de la constitution et durant l'existence de la société (ex. : en cas d'augmentation de capital).
- Les **capitaux propres** sont une représentation du passif interne de la société (en complément des dettes qui représentent le passif externe).

Présentation capital social/capitaux propres

	Régime juridique
Capital social	• Photographie de la solidité financière de la société au moment de sa constitution, clé de répartition des droits politiques et financiers des associés • Montant inscrit au passif du bilan, les biens apportés concrètement par les associés figurant à l'actif du bilan • Divisé en titres sociaux (parts sociales ou actions) de valeur nominale (valeur individuelle au moment de l'émission) égale • Montant minimal parfois imposé par la loi • Mentionné dans les statuts, modifié par décision des associés et publié • Modification par augmentation (ex. : nouveaux apports ou incorporation de bénéfices ou de réserves), ou réduction (ex. : absorption des pertes)
Capitaux propres	• Ressources financières de la société • Constitué du capital social et des profits ou des pertes générés par l'activité sociale : réserves (légale, statutaire ou facultative) et résultat (bénéfice ou perte), auxquels s'ajoute le report à nouveau (RAN) qui peut être bénéficiaire (il s'agit alors des bénéfices antérieurs non distribués et non mis en réserves) ou déficitaire (pertes antérieures). • Dette envers les associés

2 Résultat et dividendes

A. Participation aux résultats

La **participation aux résultats** est un des éléments du contrat de société (↪ fiche 4). La création d'une société peut permettre aux associés de s'enrichir mais ils peuvent également, si la société rencontre des difficultés, perdre la valeur de leurs apports, voire davantage lorsque la société est à risque illimité.

Lorsqu'ils s'engagent dans la création d'une société, les associés entendent profiter du bénéfice ou de l'économie que la société leur permettra, mais également contribuer aux pertes sociales, voire prendre en charge les dettes sociales dans les sociétés dans lesquelles leur responsabilité est indéfinie.
La participation aux résultats intervient au moment de l'approbation des comptes annuels de la société, dans les 6 mois de la clôture de l'exercice.

Les **comptes annuels** sont le compte de résultat, le bilan et l'annexe. Ils doivent en principe être publiés au Registre du commerce et des sociétés (RCS) dans le mois qui suit la décision des associés.

De la clôture à l'approbation des comptes

Clôture des comptes sociaux	
Enregistrement des écritures comptables qui marque la fin d'un exercice	Date selon dispositions statutaires (en général le 31 décembre)
Arrêté des comptes sociaux par les mandataires sociaux	
Production des comptes par les mandataires sociaux	Préparation des comptes sociaux et du rapport de gestion qui seront présentés aux associés, entre la clôture et l'approbation des comptes
Approbation des comptes sociaux par les associés	
Décision des associés d'approuver (ou non) les comptes, et d'affecter le résultat comptable	Dans les 6 mois de la clôture

B. Détermination et affectation du résultat

Le résultat peut être un bénéfice ou une perte pour la société. En principe, les pertes donnent lieu à un traitement purement comptable. Elles sont portées au passif du bilan en report à nouveau négatif.

Traitement comptable de la perte ou du bénéfice

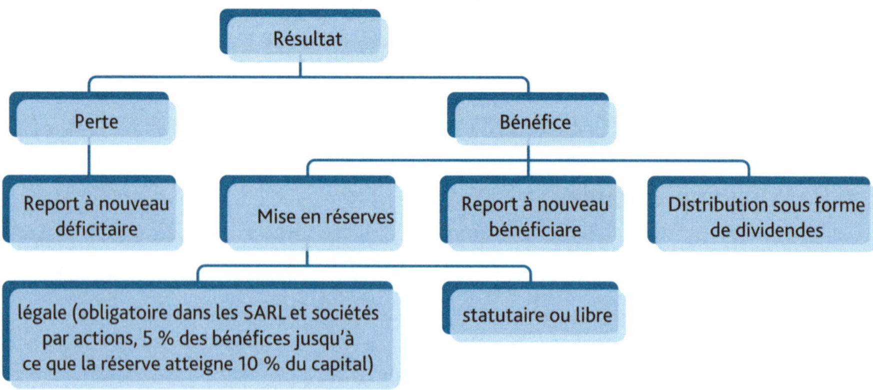

Le partage des bénéfices nécessite la constatation par les associés d'un bénéfice distribuable (un résultat comptable positif). Le bénéfice résultant de l'action commune pourra alors être distribué aux associés sous forme de dividendes, mis en réserves ou reporté.

Le **bénéfice distribuable** est égal à :
Bénéfice de l'exercice
– Pertes antérieures éventuelles (report à nouveau déficitaire)
+ Bénéfices antérieurs non affectés (report à nouveau bénéficiaire)
– Sommes affectées aux réserves le cas échéant
+ (éventuellement) Sommes prélevées sur les réserves (sauf réserve légale)

Les bénéfices sont répartis entre les associés selon les dispositions statutaires. À défaut, la répartition s'effectue en proportion de la participation des associés au capital social.

▸ Exemple

Clause statutaire relative au capital

Article 8. Capital social

Le capital social est fixé à la somme de 2 000 €. Il est divisé en 200 parts de 10 € chacune, entièrement libérées, souscrites en totalité par les associés et attribuées à chacun d'eux en proportion de leurs apports respectifs, à savoir :

- M. Lenoir : 100 parts ;
- Mme Leblanc : 100 parts.

Les soussignés déclarent expressément que les **dividendes** éventuels seront répartis entre eux dans la proportion précédemment indiquée. ◂

LE + DE L'EXPERT

La détermination de la répartition des bénéfices ou des pertes entre les associés est libre, dans la limite des clauses léonines qui attribueraient à un seul associé l'ensemble des bénéfices ou, à l'inverse, l'exonéreraient totalement des pertes.

6 Naissance de la société

Mots-clés

Capacité • Dénomination sociale • Durée de la société • Immatriculation • Objet social • Patrimoine social • Reprise des actes • Siège social • Société en formation

1 Acquisition de la personnalité juridique

A. Processus administratif d'acquisition de la personnalité morale

Schématisation du processus conduisant à la création d'une société

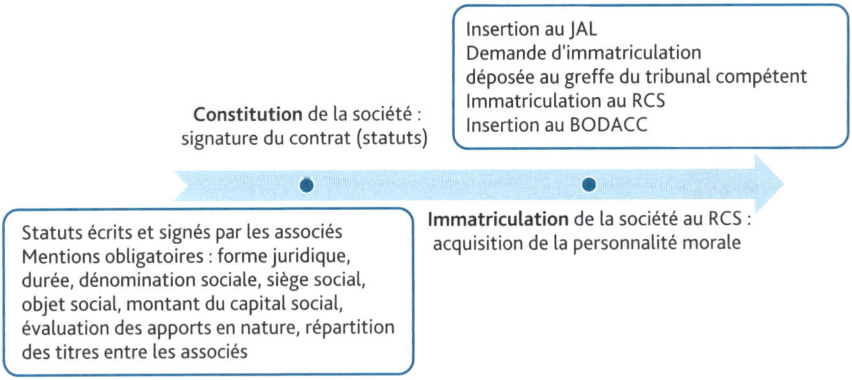

B. Conséquences d'un acte pris par une société en formation

Définition

Une **société** est dite **en formation** jusqu'à son immatriculation.

Durant la période de formation, certains actes peuvent être passés pour préparer le démarrage de l'activité.

Actes pris par la société pendant la période de formation

Principe	Exception	Modalités	Effet
La ou les personnes agissant au nom de la société en formation sont personnellement engagées vis-à-vis des tiers (avec solidarité si la société est commerciale).	La société, une fois régulièrement immatriculée, peut reprendre les actes accomplis en son nom et nécessaires à son immatriculation.	• Acte passé avant la signature des statuts : état des actes annexé aux statuts et signé par les associés • Acte passé entre la signature des statuts et l'immatriculation : mandat précis donné à l'un des associés • Décision d'AG postérieure à l'immatriculation si l'acte n'a pas fait l'objet d'une des modalités précédentes	La société immatriculée devient contractante de façon rétroactive.

2 Identité de la personne morale

Définitions

- La **dénomination sociale** est le nom de la personne morale.
- Le **siège social** est le domicile de la personne morale, lieu de réunion des organes d'administration et de direction de la société.
- Le **patrimoine social** est l'ensemble des droits et obligations de la société.
- La **durée de la société** est la période comprise entre l'immatriculation et la dissolution.
- La **capacité** est l'aptitude à être titulaire de droits et d'obligations et à pouvoir les exercer.

Attributs de la personne morale

	Régime juridique
Dénomination sociale	Choix libre sous réserve du respect des droits des tiers
Siège social	• Choix libre • Pour réduire les frais, domiciliation chez le représentant légal ou dans des locaux communs possibles sous conditions
Patrimoine social	• Actif répondant du passif • Droit de gage exclusif sur le patrimoine social pour les créanciers • Situation patrimoniale à une date donnée représentée par le bilan
Durée	• 99 ans maximum • Prorogation possible par décision des associés un an avant la date d'expiration ou sur demande en justice si la consultation n'a pas eu lieu
Capacité	• Principe de spécialité : une personne morale ne peut en principe agir que dans la limite de son **objet social** • Nécessité d'une représentation par un mandataire social, le représentant légal (↪ fiche 5)

LE + DE L'EXPERT

Le capital social est un élément du patrimoine de la société, qui englobe tous les droits et obligations (les créances et les dettes) de la société. L'actif social est le gage effectif des créanciers de la société, puisqu'il représente les biens et valeurs directement saisissables par ces derniers. Les créanciers personnels des associés n'ont aucun droit sur l'actif de la société.

7 Fonctionnement de la société : les dirigeants

Mots-clés

Cogérance • Dirigeant • Faute séparable des fonctions • Mandat • Mandataire social • Pouvoirs • Représentant légal • Responsabilité

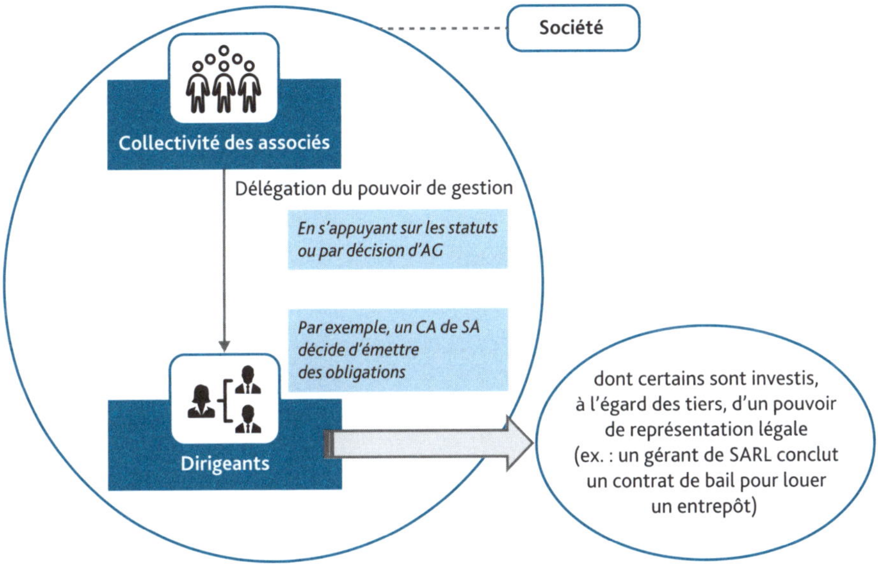

1 Organes dirigeants

Définitions

- Le **dirigeant** est un mandataire social, qui peut également être investi du pouvoir de représentation légale.
- Un **mandataire social** est la personne qui agit au nom et pour le compte de la société.
- Le **représentant légal** dispose du pouvoir d'engager la société dans ses rapports avec les tiers.

Organes de direction selon le type de société

SNC, SARL, SCA, SC	Gérance (unique ou cogérance)	• Personne physique ou morale • Obligatoirement personne physique dans les SARL
SAS	• Président, représentant légal • Éventuellement organes statutaires (ex. : directeur général)	Personne physique ou morale

SA	Conception classique	Conseil d'administration	• Organe collégial, personnes physiques ou morales • Pouvoirs de gestion et de contrôle
		Directeur général	Représentant légal, personne physique
SA	Conception dualiste	Directoire	Président : représentant légal ; en principe, personne physique
		Conseil de surveillance	Pouvoirs de contrôle, personnes physiques ou morales

Un mandataire social peut cumuler ses fonctions avec un contrat de travail, sous réserve de respecter :

- les conditions générales dégagées par la jurisprudence : travail effectif, rémunérations et fonctions distinctes et lien de subordination avec la société (ce qui exclut les mandataires majoritaires en capital) ;
- des conditions spécifiques à chaque structure, le cas échéant (notamment dans la SA).

Le cumul permet au dirigeant concerné de bénéficier du statut de salarié.

Modalités du mandat social

Nomination	Rémunération	Fin du mandat
Généralement nommé par les associés, dans les statuts ou par acte séparé (souvent une décision prise en AG)	En principe, décidée exclusivement par les associés selon les statuts	Terme, décès, incapacité, interdiction, transformation, dissolution, démission libre, révocation par les associés ou décision du juge. Droit à dommages et intérêts en cas de révocation abusive ou ne reposant pas sur de justes motifs (ex. : faute de gestion), dans certaines sociétés

2 Pouvoirs et responsabilité des dirigeants

	Représentant légal de SARL et sociétés par actions	Représentant légal de SC et SNC
Vis-à-vis des tiers	• Principe : le représentant légal est investi des pouvoirs les plus étendus pour agir en toute circonstance au nom de la société (ex. : conclure des contrats avec les tiers). La société est engagée même par les actes du dirigeant qui dépassent l'objet social (sauf si le tiers est de mauvaise foi, c'est-à-dire s'il connaît l'objet). Les clauses statutaires limitatives de pouvoirs sont inopposables aux tiers (elles sont sans effet).	• Principe : le représentant légal engage la société pour les actes entrant dans l'objet social. La société n'est donc pas engagée encas de dépassement de l'objet.

	Représentant légal de SARL et sociétés par actions	Représentant légal de SC et SNC
Vis-à-vis des tiers	• Limites : la loi interdit au représentant légal d'empiéter sur les pouvoirs des autres organes, tels les associés (ex. : le représentant légal ne peut pas modifier les statuts), ou le conseil d'administration.	• Limites : la loi interdit au représentant légal d'empiéter sur les pouvoirs des autres organes, tels les associés. Les clauses statutaires limitatives de pouvoirs sont inopposables aux tiers.
Vis-à-vis des associés	• Principe : le dirigeant dispose des pouvoirs de gestion. • Limites : pouvoirs des associés, statuts (ex. : clause statutaire limitative de pouvoirs), intérêt social (ex. : une décision qui va à l'encontre de l'intérêt social serait considérée comme une faute de gestion).	• Principe : pouvoirs de gestion • Limites : pouvoirs des associés, statuts, intérêt social

3 Cas de la cogérance

Dans l'hypothèse d'une **cogérance** (dans les SARL, SNC, SC, commandites), chacun des gérants dispose des pouvoirs comme s'il était gérant unique. L'éventuelle clause statutaire répartissant les pouvoirs de gestion entre les gérants est inopposable aux tiers. Néanmoins, chaque gérant peut s'opposer aux actes des autres. Cette opposition, qui doit être préalable à l'acte, permet au gérant de dégager sa responsabilité mais est sans effet à l'égard des tiers de bonne foi qui n'ont pas connaissance de l'opposition. Si le tiers connaît l'opposition, alors la société ne sera pas engagée.

4 Obligations et responsabilités des dirigeants

Le dirigeant est soumis à des obligations :
- respecter la loi et les pouvoirs conférés par le mandat (et donc les statuts) ;
- être diligent et compétent dans sa mission et loyal vis-à-vis de la société et des associés, rendre compte de sa gestion dans un rapport remis aux associés.

Lorsque, le dirigeant ne se conforme pas aux obligations qui lui sont imposées, il peut engager sa responsabilité civile.

Responsabilité civile des dirigeants

	Conditions	Régime
Vis-à-vis de la société	• Violation de la loi, des statuts, faute de gestion • Qui cause un préjudice à la société	Action sociale : – en principe, intentée par le représentant légal – ou si ce n'est pas possible, par tout associé au nom de la société
Vis-à-vis des associés	• Violation de la loi, des statuts, faute de gestion • Qui cause un préjudice à l'associé	Exigence d'un préjudice personnel subi par l'associé, distinct de celui causé à la société
Vis-à-vis des tiers	• Violation de la loi, des statuts, faute de gestion • Qui cause un préjudice au tiers	Le dirigeant est protégé par son mandat : exigence d'une **faute séparable des fonctions** : intentionnelle, d'une exceptionnelle gravité, incompatible avec l'exercice normal du mandat social (ex. : faute pénale)

Le dirigeant engage également sa responsabilité pénale s'il commet une infraction (↪ **fiche 33**), et sa responsabilité fiscale en cas de fraude ou d'inobservation des obligations fiscales.

▶ **Exemple**

Clause limitative de pouvoirs du gérant

« Article 15. Pouvoirs et responsabilité de la gérance

Le gérant ne pourra se porter, au nom de la société, caution solidaire ou aval au profit d'un tiers, sans l'agrément préalable des associés représentant au moins la moitié des parts sociales.

Si le gérant contracte une caution sans avoir demandé leur autorisation aux associés, il viole les statuts. Si la société subit un préjudice qui en découle, le gérant peut être condamné au versement de dommages et intérêts. » ◀

LE + DE L'EXPERT

• Exposer les pouvoirs du dirigeant permet de répondre à une question portant sur la validité d'un acte émanant de celui-ci ou sur l'engagement de la société vis-à-vis des tiers (ex. : un acte est valable et la société n'est engagée que si l'acte entre dans les pouvoirs externes du dirigeant).

• Exposer la responsabilité du dirigeant permet de répondre à une question portant sur les conséquences de l'un de ses actes (ex. : engagement de la responsabilité du dirigeant vis-à-vis de la société s'il conclut un acte préjudiciable à cette dernière).

8 Fonctionnement de la société : les associés

Mots-clés

Associé • Contrôle • Obligation aux dettes ou au passif social • Rapport de gestion • Rapport sur le gouvernement d'entreprise

1 Pouvoirs des associés

Les pouvoirs des associés s'exercent par la prise de décisions (ex. : approbation annuelle des comptes ou modifications des statuts). Ils peuvent ainsi contrôler l'action des dirigeants (↪ fiche 4).

A. Droit à l'information

Droit à l'information des associés autre que permanent

En permanence	• Droit pour tout associé de consulter au siège les documents sociaux relatifs aux 3 derniers exercices clos, et en obtenir copie, sauf pour l'inventaire. • À défaut, l'associé peut demander au président du tribunal statuant en référé soit d'enjoindre aux dirigeants de communiquer les documents, soit de désigner un mandataire chargé de procéder à cette communication.
Avant une assemblée	• 15 jours au moins avant la tenue de l'AG, chaque associé a le droit d'obtenir communication des documents soumis à l'assemblée. *A minima* : texte des résolutions proposées, comptes annuels, proposition d'affectation du résultat, rapport de gestion. Selon la structure juridique, certains documents sont adressés à l'associé sans demande préalable ou sur demande préalable, notamment dans la SA. • Mêmes sanctions.
Droit de poser des questions écrites sur la gestion de la société	• Droit pour tout associé de SA et SARL, quelle que soit sa part dans le capital social, de poser des questions écrites sur la gestion (obligation de réponse du dirigeant au cours de l'AG). Le nombre de questions n'est pas limité par la loi mais leur contenu doit être lié à l'intérêt social. • Droit pour tout associé de SNC et société en commandite, de poser des questions écrites deux fois par exercice en dehors de toute AG.

Indispensable aux associés pour comprendre les enjeux auxquels la société est confrontée, le **rapport de gestion** expose la situation de la société durant l'exercice écoulé, son évolution prévisible, les événements importants survenus depuis la clôture de l'exercice et les activités en matière de R&D. Dans les SA et les SCA, le rapport de gestion est accompagné d'un **rapport sur le gouvernement d'entreprise**.

Sont débiteurs de l'obligation d'établir un rapport de gestion écrit :
- les gérants (SARL, SNC, SC, SCA) ;
- le président de la SAS ;
- le conseil d'administration ou le directoire (SA).

Sont dispensées de l'obligation d'établir un **rapport de gestion** les petites entreprises pour lesquelles deux des trois seuils suivants ne sont pas dépassés :

- total du bilan : 4 000 000 € ;
- montant net du chiffre d'affaires : 8 000 000 € ;
- nombre moyen de salariés employés au cours de l'exercice : 50.

Le rapport accompagne les comptes annuels et doit, en principe, être publié.

B. Décisions collectives

Modalités des décisions collectives

Qui ?	Tout associé a le droit de participer aux décisions collectives, personnellement ou par l'intermédiaire d'un représentant
Quoi ?	Champ de compétence exclusive des associés : – décisions ordinaires qui ne modifient pas, en principe, les statuts (ex. : approbation des comptes annuels, nomination des dirigeants, autorisations données aux dirigeants) – décisions extraordinaires qui modifient les statuts (ex. : changement de dénomination sociale, modification de l'objet, modifications du capital social)
Comment ?	• Droit de vote attaché à chaque titre détenu par l'associé (part sociale ou action) • Interdiction de toute clause statutaire privant l'associé de ce droit • Nombre de voix proportionnel au nombre de titres possédés. Par exception, possibilité pour les statuts des sociétés par actions de plafonner le droit de vote de tous les actionnaires ou d'accorder un droit de vote double à certaines catégories d'actions (actions de préférence) • Libre exercice du droit de vote (sous réserve de l'abus ➥ fiche 3)

2 Responsabilité des associés

Définition

L'**obligation aux dettes ou au passif social** est le fait qu'un créancier de la société puisse demander aux associés de régler les dettes de la société.

L'**obligation au passif social** pèse sur l'associé d'une société à risque illimité (SC, SNC, SCA) à l'égard des créanciers de la société, mais pas sur l'associé d'une SARL ou d'une société par actions qui ne risque finalement que la perte de son apport.

Contours de l'obligation au passif social dans les sociétés à risque illimité

Dette sociale	• La dette doit avoir été contractée : – au nom de la société – par le représentant légal – dans la limite de l'objet social (↪ fiche 7)
Procédure	• Le créancier ne peut poursuivre le paiement des dettes sociales contre un associé qu'après vaine mise en demeure de la société par acte extrajudiciaire (acte d'huissier). • Une mise en demeure est vaine si, dans les 8 jours qui suivent l'acte d'huissier, la société n'a pas payé la dette.
Étendue	Le régime de responsabilité diffère selon le caractère commercial ou civil de la société : • Si la société est commerciale. Les associés d'une SNC et les commandités ont la qualité de commerçant et répondent des dettes sociales indéfiniment (pour la totalité des dettes sociales sur leurs patrimoines personnels) et solidairement (les créanciers impayés de la société peuvent demander paiement de toute dette sociale à l'un quelconque des associés. L'associé qui a payé peut ensuite se retourner contre la société ou ses coassociés afin qu'ils assument la fraction de la dette qui leur incombe). • Si la société est civile. Les associés d'une société civile répondent indéfiniment des dettes sociales et conjointement (proportionnellement à leur part dans le capital social).

LE + DE L'EXPERT

Il ne faut pas confondre l'obligation aux dettes sociales et la contribution aux pertes, qui est une des conditions du contrat de société (↪ fiche 4).

9 Fonctionnement de la société : les contrôles de la société

Mots-clés

AMF • CAC • Contrôle • Expert de gestion • Gouvernance • Mission ALPE

Outre le contrôle par les associés, il existe des organes de surveillance internes ou externes.

1 Les organes de contrôle interne

CA ou CS (dans la SA)	• Possibilité pour le CA de procéder à toutes les vérifications et contrôles opportuns • Exercice par le CS d'une mission de contrôle permanent de la gestion
Représentants des salariés	• Comité social et économique (CSE) destinataire d'informations susceptibles d'avoir un impact sur les salariés • Droit d'alerte du CSE (↳ fiche 20) • Représenté lors des CA de SA (↳ fiche 17)

2 Le contrôle externe

A. Le CAC, auditeur légal

Nomination	• Par les associés ou par décision de justice, pour 6 exercices en principe • Obligatoire ou facultative selon les structures • Soumise à des incompatibilités (liées à la déontologie) : entre les missions d'audit et de conseil / liens personnels, professionnels ou financiers avec l'entité / toute activité pouvant remettre en cause son indépendance
Mission	• Audit légal • En permanence : – vérifications (des valeurs et des documents comptables, de la conformité des documents comptables aux règles en vigueur, de la concordance des comptes avec le rapport de gestion, de l'égalité entre associés) et contrôles – certification (que les comptes sont réguliers, sincères et reflètent l'image fidèle des opérations de l'exercice et du patrimoine social) – information (des dirigeants et des associés) • Occasionnellement : obligation d'alerte (si le CAC constate un fait de nature à compromettre la continuité de l'exploitation, il doit déclencher une procédure visant à remédier à la situation), révélation des faits délictueux au procureur de la République, rapports spéciaux (ex. : conventions réglementées, opérations sur le capital)

Responsabilités	• Responsabilité civile, en cas de faute ou de négligence dans l'exercice de la mission, qui cause un préjudice à la société ou aux associés • Responsabilité pénale, si le CAC est complice ou auteur d'infractions (↪ fiche 37) • Responsabilité professionnelle : en cas de manquement à la déontologie, le CAC encourt des sanctions pouvant aller jusqu'à la radiation

La mission d'audit légal petites entreprises (dite « **mission ALPE** ») permet aux entités qui n'atteignent pas les seuils de nomination et qui nomment volontairement un CAC de réduire les coûts. Mises en œuvre pour trois exercices, les diligences du CAC sont alors allégées puisqu'ils conservent uniquement les missions d'audit, d'alerte, et de révélation des faits délictueux. Le CAC doit par ailleurs élaborer, à destination du dirigeant, un rapport sur les risques financiers, comptables et de gestion.

B. Les autres contrôles externes

Outre le CAC, les contrôles externes sont réalisés par :

- l'Autorité des marchés financiers (AMF), pour les sociétés cotées ;
- un expert de gestion, en cas de contestation d'une opération de gestion (↪ fiche 3) ;
- les diverses autorités administratives relevant de l'État et des collectivités territoriales (administration fiscale, inspection du travail…).

LE + DE L'EXPERT

• La **gouvernance** est la façon dont les objectifs des différents acteurs (dirigeants, associés) sont rendus compatibles dans la société, dont les pouvoirs de contrôle et de direction sont rééquilibrés pour éviter les conflits d'intérêts.
• La gouvernance, permet, en s'appuyant sur la loi ou les statuts, d'imposer des limites aux pouvoirs des dirigeants, principalement dans les grandes sociétés.

10 Disparition de la société

Mots-clés

Dissolution • Liquidation

Dissolution + Liquidation = Disparition de la société

1 Dissolution de la société

Définition

La **dissolution** est la décision des associés ou du juge de mettre fin à la société. Elle entraîne sa liquidation.

Causes de dissolution

Causes communes à toutes les sociétés	• Arrivée du terme (sauf prorogation ↪ fiche 4) • Disparition de l'objet social (extinction ou réalisation) • Réunion de tous les droits sociaux dans une même main (sauf pour la SARL et la SAS) • Justes motifs (notamment en cas de mésentente entre associés paralysant le fonctionnement des organes sociaux ou d'inexécution par un associé de ses obligations) • Dissolution anticipée volontaire (décision extraordinaire des associés) • Autres cas de dissolution (liquidation judiciaire, sanction pénale, annulation du contrat de société, cause statutaire)
Causes spécifiques	• Dans les SNC et SCA, notamment en cas d'événements affectant la personne d'un associé sauf décision de continuation (↪ fiches 21, 23 et 25) • Dans la SA si le capital est inférieur au minimum légal (↪ fiche 15) • Dans la SARL, SA cotée, SCA si le nombre d'associés ne respecte plus les seuils légaux • Dans les SARL et les sociétés par actions : en cas de perte de la moitié du capital

La dissolution doit être publiée légalement. La mention « société en liquidation » doit figurer sur les documents sociaux.

2 Liquidation de la société

Définition

La **liquidation** est l'opération qui a pour but de réaliser l'actif et d'éteindre le passif, de manière à faire ressortir l'actif net qui forme la masse à partager par la suite entre les associés. La liquidation intervient après la dissolution.

Opérations de liquidation

Formes de la liquidation	• Liquidation légale, utilisée quand les associés n'ont rien prévu ou quand elle est demandée par un créancier ou un associé (à ne pas confondre avec la liquidation judiciaire en cas de difficultés ↪ fiche 31) • Liquidation amiable, choisie par les associés ou prévue par les statuts
Liquidateur	• Personne qui va réaliser les opérations de liquidation, nommé conformément aux statuts, ou par une décision collective des associés ou par le juge • Publication de la nomination • Missions : – représente la société, accomplit tous les actes nécessaires pour la sauvegarde et la réalisation du patrimoine social et ne peut pas engager d'affaires nouvelles – dresse un inventaire de l'actif et du passif social – transforme en liquidités les droits composant l'actif social – désintéresse les créanciers sociaux
Survie de la personne morale	• La personnalité morale de la société subsiste uniquement pour les besoins de la liquidation : la société ne peut pas engager de nouvelles affaires ou poursuivre l'exploitation sociale • Conservation du siège et du patrimoine • Maintien partiel de la vie sociale : le liquidateur : – convoque les associés dans les 6 mois de sa nomination (présente un rapport sur la situation de la société, la poursuite des opérations de liquidation et le délai nécessaire pour terminer) – tous les ans, dans les 6 mois de la clôture, présente aux associés les comptes annuels et un rapport sur l'avancement de la liquidation
Clôture de la liquidation	• Convocation par le liquidateur de l'AG de clôture qui : – statue sur le compte définitif de liquidation – se prononce sur le quitus de la gestion du liquidateur – décharge le liquidateur de sa mission – constate la clôture de la liquidation • Disparition automatique de la société à la clôture de la liquidation qui doit en principe intervenir dans un délai de 3 ans à compter de la dissolution
Partage	• Montant nominal des parts ou actions versé aux associés s'il reste des fonds après paiement de tous les créanciers • Boni de liquidation (s'il reste des fonds après la reprise des apports : existence d'un actif net) en principe partagé entre les associés proportionnellement au montant de leurs apports • Absence de répartition du mali de liquidation (s'il reste des dettes sociales : un passif net), sauf dans les sociétés pour lesquelles la responsabilité des associés est indéfinie

La clôture de la liquidation doit être publiée.

LE + DE L'EXPERT

Les associés sont les premiers créanciers de la société, puisque celle-ci doit en principe rembourser les apports à la dissolution. En pratique, ils seront les derniers à être remboursés, après tous les autres créanciers, et peuvent même perdre leur apport.

11 Sociétés sans personnalité juridique propre

Mots-clés

Société créée de fait • Société de fait • Société en participation

1 Société en participation

Définition

Créée par des associés qui choisissent de ne pas l'immatriculer au RCS, la **société en participation** n'a pas de personnalité juridique. Elle peut être occulte si les associés souhaitent la dissimuler aux yeux des tiers, ou ostensible s'ils révèlent son existence.

Caractéristiques de la société en participation

Conditions de constitution	• Deux associés au minimum, PP ou PM, *affectio societatis*, volonté de participer aux bénéfices et aux pertes • Apports : tout type d'apport possible (l'apporteur restant propriétaire du bien apporté, qui est mis à disposition de la société ; éventuellement acquisition de biens par les associés en indivision) • Aucune formalité ni publicité (sauf déclaration à l'administration fiscale)
Fonctionnement	Règles de fonctionnement : – déterminées par les statuts – à défaut, règles de la SNC (SEP à objet commercial) (↪ fiche 21) ou de la société civile (SEP à objet civil) (↪ fiche 25) – gérant agissant dans l'intérêt de la société mais sans la représenter – contrats passés directement par les tiers avec un associé ou avec le gérant, agissant en son nom personnel, seul engagé par l'acte – exceptions : engagement d'un associé par un acte qu'il n'a pas passé dans les cas suivants : immixtion d'un associé, associé tirant profit d'un acte, associé révélant aux tiers sa qualité d'associé, société en participation ostensible
Dissolution	• Causes communes et causes propres à la SNC (SEP commerciale) ou aux sociétés civiles (SEP civile) • Décision d'un associé de bonne foi notifiée aux autres associés • Absence de liquidation (arrêté des comptes, reprise par chaque associé de ses apports et partage des bénéfices ou pertes)

2 Société créée de fait

Définition

La **société créée de fait** est une société sans personnalité juridique caractérisée par le juge d'après le comportement des personnes qui la composent.

Caractéristiques de la société créée de fait

Conditions de constitution	• Deux associés au minimum, personnes physiques ou morales • Apports : financement d'un bien nécessaire à l'activité ou mise à disposition de l'entreprise commune, par un associé, d'un bien lui appartenant ou de son industrie • *Affectio societatis* : participation effective de chaque associé à la gestion de l'entreprise commune, sur un pied d'égalité avec les autres associés • Partage des résultats
Preuve d'existence	• Preuve par tout moyen • Preuve par les tiers de l'apparence de la société
Fonctionnement	Application des règles relatives à la société en participation (C. civ., art. 1873) : en matière de dettes sociales, l'associé est le seul à être engagé par les actes passés en son nom personnel. Exception : les associés agissant en tant que tels aux yeux des tiers, ils sont tenus par les actes passés par les autres associés (avec solidarité si la société est commerciale et sans dans les autres cas)
Dissolution	• Reprise par chaque associé des biens mis à la disposition de la société • Partage des bénéfices ou des pertes

3 Société de fait

Définition

La **société de fait** est une société créée par la volonté des associés, qui exerce son activité de manière durable et importante, mais qui est dépourvue d'existence juridique puisqu'elle est atteinte par une irrégularité.

La jurisprudence retient la qualification de « société de fait » dans trois hypothèses.

Caractéristiques jurisprudentielles et effets de la société de fait

Critères de qualification de société de fait	• Société créée et immatriculée, mais dont la nullité est prononcée ensuite par le juge • Société en formation, ayant commencé son activité sans être finalement immatriculée • Société dont la dissolution a été prononcée mais non publiée au RCS
Effets	• Associés tenus par les actes passés entre eux et vis-à-vis des tiers • Obligation indéfinie aux dettes sociales

LE + DE L'EXPERT

Pour qualifier une société sans personnalité juridique, il faut se reporter à la volonté et au comportement des associés : si la volonté de créer une société ne s'accompagne pas d'une immatriculation, on est en présence d'une société en participation ; si le comportement des associés est caractérisé comme tel par le juge, d'une société créée de fait ; si la société est créée volontairement mais frappée d'irrégularité, donc sans existence juridique, d'une société de fait.

12 Parts sociales, actions et obligations

Mots-clés

Action • Action de préférence • Obligation • Parts sociales • Valeurs mobilières

1 Caractéristiques des parts sociales

Les parts sociales :

- correspondent aux droits des associés dans les sociétés autres que par actions (SARL, SNC, SC) ;
- sont mentionnées précisément dans les statuts avec leur répartition entre associés en contrepartie de leurs apports ;
- confèrent à leurs propriétaires la qualité d'associé (le cas échéant, elle est également attribuée au conjoint par revendication en cas d'apport de bien commun, ↪ fiche 4) ;
- sont des biens meubles incorporels, figurant à l'actif du patrimoine de l'associé, pouvant être cédés, transmis par succession, loués ou donnés en garantie ;
- font l'objet d'une cession par acte écrit, soumis aux formalités et conditions spécifiques (agrément) attachées à la forme sociale choisie ;
- confèrent des droits aux associés (↪ fiche 8).

2 Valeurs mobilières

Définition

Les **valeurs mobilières** sont des titres financiers : titres de capital (actions, actions de préférence) détenus par des actionnaires et titres de créance (obligations) détenus par des prêteurs.

Les valeurs mobilières sont inscrites dans un compte-titres au nom de leur propriétaire.

Caractéristiques des valeurs mobilières

Régime juridique	• Biens meubles incorporels • Biens fongibles (caractère interchangeable des valeurs mobilières d'une même émission) • Titres négociables, transmissibles par virement de compte à compte	
Typologie des titres	**Titres nominatifs**	**Titres au porteur**
	• Inscrits dans les comptes tenus par la société émettrice • Seuls titres pouvant être émis par les SA non cotées	• Inscrits dans les comptes tenus par un intermédiaire financier • Identité des porteurs de titres en principe ignorée de la société • Titres pouvant seulement être émis par des SA cotées

A. Actions

Caractéristiques des actions

Actions ordinaires	Confèrent à l'actionnaire un ensemble de droits : – politiques (droit à l'information, droit de vote) – financiers (droit aux bénéfices, au remboursement de l'apport et au boni de liquidation) – patrimoniaux (négociation des actions, location, nantissement)
Actions de préférence	• Émission possible par toute société par actions, sur rapport des organes de gestion et du CAC s'il en existe un • Confèrent des droits particuliers, précisés dans les statuts

▸ **Exemples**

Les actions à droit de vote multiple, sans droit de vote, à dividende prioritaire ou à dividende majoré, ou encore les actions donnant droit à une information renforcée, sont autant d'actions de préférence. ◂

B. Obligations

Définition

Une **obligation** est un titre négociable qui confère un droit de créance sur la société. La valeur nominale de l'obligation correspond à la fraction d'emprunt souscrite en contrepartie.

Régime juridique des obligations

Émission	• Par toute société par actions (offre publique de titres possible) et (sous conditions) par les SARL, associations et GIE • Conditions : capital entièrement libéré, deux bilans approuvés • Compétence du dirigeant (compétence des associés dans la SARL) • Contrat d'émission contenant les modalités de l'emprunt (ex. : montant, taux intérêt)
Droits de l'obligataire	Les obligataires d'un même emprunt disposent de droits identiques : • Droit à intérêt • Droit au remboursement du capital • Droit de céder ses titres • Droit aux informations relatives à l'emprunt • Droit de vote en assemblée d'obligataires
Collectivité des obligataires	• Groupement des obligataires d'un même emprunt dans une masse dotée de la personnalité juridique • Représentants de la masse pouvant accomplir tout acte de gestion pour la défense des intérêts communs des obligataires • Décisions collectives des obligataires : modification du contrat d'émission, avis relatifs à certaines décisions de la société émettrice

LE + DE L'EXPERT

Les actions de préférence se caractérisent par une grande souplesse ; elles permettent de répondre aux besoins spécifiques de certains actionnaires.

13 Société à responsabilité limitée (SARL) : constitution et évolution

Mots-clés

Associé • Commissaire aux apports • Droit préférentiel de souscription • EURL • Prime d'émission

1 Constitution de la SARL

La constitution d'une SARL requiert un ou plusieurs associés, personnes physiques ou morales capables, un capital social, un objet et le respect de conditions de forme.

Conditions de constitution de la SARL

- **2 à 100 associés** : SARL pluripersonnelle
- **Un seul associé** : SARL unipersonnelle = Entreprise unipersonnelle à responsabilité limitée (EURL)

Capital social	• Montant librement fixé dans les statuts • Capital variable possible • Tout type d'apport possible : – apports en numéraire libérés au minimum d'un cinquième, le solde sur demande du gérant dans les 5 ans de l'immatriculation – évaluation obligatoire des apports en nature dans les statuts, en principe par un commissaire aux apports (CAA) nommé par les associés. Exception : décision unanime des associés de ne pas nommer de CAA si aucun apport en nature ⩾ 30 000 € et si la somme des apports en nature ⩽ moitié du capital social – formalités à respecter en cas d'apport d'un bien commun (↪ fiche 4)
Objet	Civil ou commercial
Conditions de forme	• Formalités de droit commun (↪ fiche 6) • EURL dont l'associé unique est gérant : dispense d'insertion au Bodacc et adoption possible du modèle légal de statuts types

Lors d'un apport en nature, si les associés ne nomment pas de CAA ou retiennent une valeur différente de celle fixée par le CAA, ils peuvent engager leur responsabilité civile, solidairement et pendant 5 ans, en cas de dommages causés à des tiers. Leur responsabilité pénale peut également être mise en œuvre pour surévaluation frauduleuse d'apport en nature (↪ fiche 36).

2 Évolution de la SARL

A. Opérations affectant le capital

Le capital peut être réduit ou augmenté.

Modalités de l'augmentation de capital

Incorporation de réserves	Élévation de la valeur nominale des parts sociales ou attribution gratuite de parts sociales nouvelles
Apports nouveaux	• Décision extraordinaire des associés • Conditions pour des apports en numéraire : – capital ancien intégralement libéré – libération immédiate d'un quart minimum de l'apport, le solde dans les 5 ans • Conditions pour les apports en nature : évaluation par un **commissaire aux apports** (*idem* constitution) • **Droit préférentiel de souscription** (DPS) selon les statuts, ou par décision des associés : chaque associé peut souscrire en priorité des parts sociales nouvelles à proportion de sa participation actuelle au capital • **Prime d'émission** pouvant être exigée des nouveaux associés en cas de réserves préexistantes

▸Exemple

Homebois, leader de la construction de maison à ossature bois dans le Grand Est, est une SARL au capital de 100 000 €, divisé en 1 000 parts sociales de 100 €. Pour accompagner le développement de l'activité, les associés envisagent de porter le capital à 150 000 €, mais ne souhaitent pas l'entrée de tiers au capital :

- Hypothèse 1 : augmentation de capital par incorporation de réserves avec élévation de la valeur nominale des parts sociales à 150 €. Le nombre de parts sociales et la répartition du capital sont inchangés.
- Hypothèse 2 : augmentation de capital par apports nouveaux en numéraire avec droit préférentiel de souscription décidée par l'AGE. Les 500 parts sociales nouvelles, sont souscrites par les associés à proportion des parts sociales qu'ils détiennent déjà (ex. : M. Albert, qui possède 300 parts sociales, souscrit à 150 parts sociales nouvelles). ◂

Réduction de capital

- Décision extraordinaire des associés sur rapport du CAC (s'il en existe un) relatif aux causes et conditions de l'opération
- Droit d'opposition des créanciers en cas de réduction de capital non motivée par des pertes
- Capitaux propres inférieurs à la moitié du capital social en raison des pertes constatées :
  – décision obligatoire des associés sur l'opportunité d'une dissolution
  – obligation de reconstituer les capitaux propres au plus tard à la clôture du 2e exercice suivant celui constatant les pertes. À défaut, réduction du capital du montant des pertes non imputées sur les réserves

▸Exemple

Soit la SARL Greta, spécialisée dans l'import-export d'affiches de cinéma :

- La situation comptable de la SARL Greta au 31/12/N est la suivante :
  Capital social 20 000 € + Réserves 4 000 € – Pertes 15 000 €, soit des capitaux propres de 9 000 €.
  La dissolution est écartée par les associés : la SARL Greta est tenue de reconstituer les capitaux propres au plus tard le 31/12/N+3.

- La situation comptable de la SARL Greta au 31/12/N+3 est la suivante :
– Hypothèse 1 : exercices N+1, N+2 et N+3 bénéficiaires, pertes totalement apurées.
Capital 20 000 € + Réserves 4 000 €, soit des capitaux propres de 24 000 €. La situation est régularisée.
– Hypothèse 2 : exercices N+1, N+2 et N+3 déficitaires.
Capital 20 000 € + Réserves 4 000 € – Pertes 17 000 €, soit un total de capitaux propres de 7 000 €.
La SARL Greta est tenue de réduire le capital à concurrence des pertes non imputées sur les réserves, soit une réduction de 13 000 €. ◂

B. Transformation de la SARL

Pour que la transformation de la SARL soit valable, la société doit respecter une procédure stricte.

Conditions de transformation

Information préalable des associés	• Rapport préalable d'un CAC • En cas de transformation d'une SARL sans CAC en société par actions : rapport d'un **commissaire à la transformation** sur l'évaluation des actifs
Décision des associés	• Décision extraordinaire des associés • Exceptions : – transformation de la SARL en SNC, SAS, SCA, société civile : décision à l'unanimité – transformation en SA de la SARL dont les capitaux propres dépassent 750 000 € : décision ordinaire

C. Dissolution de la SARL

La procédure de dissolution de la SARL obéit aux causes de droit commun mais comporte quelques spécificités.

Régime juridique de la dissolution

Causes	• Causes communes à toutes sociétés (➥ **fiche 10**) • Nombre d'associés supérieur à 100 sans régularisation depuis un an • Capitaux propres inférieurs à la moitié du capital social : absence de consultation des associés ou de reconstitution des capitaux propres dans le délai légal (fin du 2e exercice suivant la constatation des pertes)
Conséquences	• Liquidation de la société (➥ **fiche 10**) • Exception : dissolution d'une EURL dont l'associé unique est une personne morale : transmission de l'ensemble du patrimoine à l'associé personne morale

LE + DE L'EXPERT

Dans les SARL ayant désigné un CAC et déjà approuvé régulièrement les comptes de trois exercices, les associés peuvent émettre, par décision ordinaire, des obligations nominatives sans offre publique de titres (application des règles de la SA).

14 Société à responsabilité limitée (SARL) : fonctionnement

Mots-clés

Agrément • Associé • Droit d'alerte • Gérant • Parts sociales

1 Gérance de la SARL

Un ou plusieurs **gérants** assurent la direction de la société.

Caractéristiques de la gérance

Nomination	Décision ordinaire des associés (statutaire ou par acte séparé) de nommer un ou plusieurs gérants, personne physique capable, associé ou tiers. L'associé unique d'une EURL peut désigner un tiers gérant ou assurer lui-même la gérance.
Cessation des fonctions	• Arrivée du terme, empêchement, démission. • Révocation par décision ordinaire des associés pour juste motif ou par décision de justice pour cause légitime.
Rémunération	Librement fixée par les associés.
Cumul avec un contrat de travail	• Respect des critères jurisprudentiels : – activité effective distincte des fonctions de gérant – rémunération distincte – lien de subordination vis-à-vis de la société • Cumul impossible si le gérant est associé majoritaire. • Sanction : annulation du contrat de travail (ou suspension s'il est antérieur à la nomination).
Pouvoirs	• Dans les rapports avec les associés : le gérant peut accomplir tout acte de gestion dans l'intérêt de la société (limites : décision de la compétence des associés, clauses statutaires limitatives). • Dans les rapports avec les tiers : le gérant, représentant légal, engage la société par tout acte même dépassant les limites statutaires ou l'objet social (si le tiers est de bonne foi). • Cogérance : pouvoir de chaque gérant d'engager seul la société (sauf clause contraire) et opposition possible d'un gérant à un acte d'un autre gérant avant sa conclusion (sans effet vis-à-vis des tiers).
Responsabilité	• Responsabilité civile, pénale, fiscale de tout dirigeant (↪ fiche 7).

L'associé unique d'une EURL peut désigner un tiers gérant ou assurer lui-même la gérance. Dans ce cas, il devra veiller à respecter l'intérêt de la société et à ne pas confondre son patrimoine personnel avec celui de la société.

2 Contrôle de la gestion

Les **associés** constituent le premier maillon du contrôle dans la SARL :

- ils approuvent les comptes annuels ;
- un ou plusieurs associés représentant au moins 10 % du capital peuvent demander en justice la désignation d'un expert de gestion (↪ fiche 3) ;
- tout associé peut, deux fois par exercice, poser par écrit au gérant des questions sur tout fait de nature à compromettre la continuité de l'exploitation (**droit d'alerte**).

Contrôle des conventions et contrôle par un CAC

Contrôle des conventions	• Conventions réglementées : conventions conclues entre : – la SARL et le gérant ou un associé – la SARL et une autre société dont un dirigeant ou associé indéfiniment responsable est aussi gérant ou associé de la SARL : ○ procédure à respecter : décision à la majorité des associés, après conclusion de la convention et sur rapport du gérant ou du CAC ; refus de ratification sans effet pour les tiers, action en responsabilité possible contre le gérant ou l'associé concerné ○ cas particulier de SARL sans CAC et dont le gérant est non associé : décision des associés, sur rapport du gérant, d'autoriser ou non la conclusion de la convention • Convention libre (non soumise à contrôle) : – correspondant à une opération courante – conclue à des conditions normales • Convention interdite : – conclue entre la SARL et le gérant, un associé personne physique, le représentant d'un associé personne morale, leur conjoint, ascendant, descendant – portant sur un emprunt, découvert, caution ou aval d'un engagement personnel consenti par la société • Sanction : nullité absolue
Nomination obligatoire d'un CAC	• Nomination obligatoire d'un CAC : – SARL dépassant deux des trois seuils suivants : total du bilan de 4 M€, CAHT de 8 M€, effectif moyen de 50 salariés – SARL contrôlant d'autres sociétés si elles dépassent, ensemble, ces seuils ou SARL contrôlées – sur demande d'associé(s) détenant au moins 1/3 du capital • Nomination facultative par décision des associés à la majorité • Nomination sur décision de justice à la demande d'associé(s) représentant au moins 10 % du capital

3 Associés de la SARL

Les associés ont des obligations (libération des apports, obligation aux dettes sociales limitée aux apports) et disposent de droits.

A. Droits politiques et financiers des associés

Outre le droit permanent et général à l'information (↳ fiche 8), les associés disposent de droits de vote et de droits financiers.

Droits des associés

<table>
<tr><td rowspan="7">Droit de vote</td><td colspan="2">Nombre de voix correspondant au nombre de parts détenues par l'associé</td></tr>
<tr><td>Modes de décision collective</td><td>• Selon les statuts : par assemblée, consultation écrite ou signature d'un acte par tous les associés
• Tenue d'une assemblée obligatoire pour l'approbation des comptes, à la demande d'associé(s) représentant plus de 50 % des parts sociales, ou représentant plus de 1/10 des parts sociales et plus de 1/10 des associés en nombre ou pour l'émission d'obligations</td></tr>
<tr><td>Modalités des assemblées</td><td>• Convocation par le gérant qui établit l'ordre du jour
• Possibilité pour tout associé détenant au moins 5 % des parts sociales de demander l'inscription d'une résolution à l'ordre du jour
• Représentation possible par un autre associé, le conjoint (ou un tiers selon les statuts)</td></tr>
<tr><td>Quorum</td><td>• Décisions ordinaires : aucun quorum exigé
• Décisions extraordinaires :
– 1re convocation : associés présents ou représentés détenant au minimum 1/4 des parts sociales
– 2e convocation : associés présents ou représentés détenant au minimum 1/5 des parts sociales</td></tr>
<tr><td>Majorité</td><td>• Décisions ordinaires
– 1re convocation : majorité de plus de 1/2 des parts sociales
– 2e convocation : majorité des voix émises quel que soit le nombre de votants
• Décisions extraordinaires : majorité des 2/3 des parts sociales détenues par les associés présents ou représentés</td></tr>
<tr><td>EURL</td><td>• Décisions de l'associé unique mentionnées dans un registre
• Gérant associé unique : le dépôt des comptes au tribunal de commerce vaut approbation</td></tr>
<tr><td>Droits financiers</td><td colspan="2">• Droit aux bénéfices
• Droit au remboursement de l'apport et au boni de liquidation éventuel</td></tr>
</table>

B. Parts sociales

Définition

Les **parts sociales** correspondent aux droits des associés.

Contrairement aux actions (↪ **fiche 12**), les parts sociales ne sont pas des titres négociables. Biens meubles incorporels, elles font partie du patrimoine de l'associé et peuvent être cédées, louées, données en garantie.

La cession des parts sociales à un tiers est obligatoirement soumise à agrément des associés. À défaut d'agrément, la cession est nulle.

Étapes de la procédure d'agrément

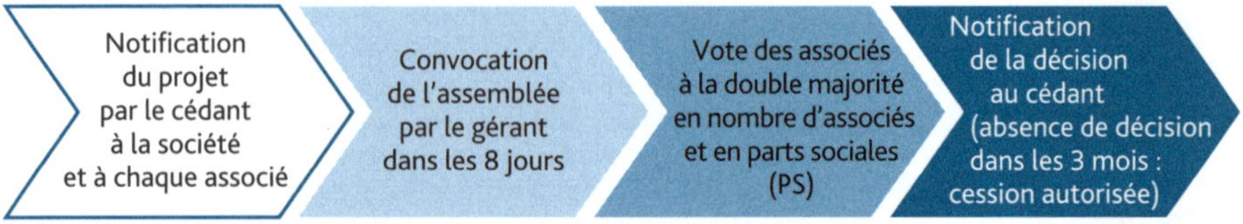

Conséquences du refus de l'agrément

Détention des PS > 2 ans ou acquisition des PS par succession, donation ou liquidation de communauté entre époux	• Droit de l'associé au rachat de ses parts sociales, par les autres associés ou par un tiers qu'ils ont agréé ou par la société elle-même, qui les annule et réduit le capital en conséquence • Rachat des parts sociales dans les 3 mois du refus d'agrément : à défaut, cession autorisée
Détention des PS ≤ 2 ans	L'associé ne peut pas céder ses parts sociales

La cession entre associés, au conjoint, ascendant, descendant, la transmission aux héritiers est libre, sauf clause d'agrément statutaire.

▸ Exemple

Clause d'agrément régissant la cession de parts sociales par un associé à un autre

« Les parts sociales ne pourront être cédées à un autre associé qu'avec l'agrément de la majorité des associés représentant plus de la moitié des parts sociales. L'associé qui souhaite céder ses parts sociales à un autre doit notifier son projet à la société et à tous les associés. » ◂

LE ✚ DE L'EXPERT

Pour le calcul du quorum et de la majorité applicables à une décision extraordinaire, il faut vérifier la date de création de la société. Pour les sociétés créées avant le 4 août 2005, aucun quorum n'est exigé et la majorité des trois quarts des parts sociales s'applique.

15 Société anonyme (SA) : constitution et évolution

Mots-clés

Actionnaires • Droit préférentiel de souscription • Offre publique de titres • Prime d'émission • Société anonyme

Définition

La **société anonyme** (SA) est une société de capitaux, nécessitant un capital minimum pouvant être ouvert au public, et dont les actionnaires peuvent être nombreux.

1 Constitution de la SA

Les **actionnaires**, personnes physiques ou morales capables, sont au nombre de deux minimum, sauf pour les SA cotées (minimum 7).

Conditions de constitution d'une SA

Capital social	• Minimum légal : 37 000 € • Variabilité interdite • Apports en numéraire : libération minimum de la moitié à la constitution, le solde dans les 5 ans • Apports en nature : évaluation obligatoire par un commissaire aux apports (CAA), rapport annexé aux statuts • Apports en industrie interdits
Objet social	Civil ou commercial
Conditions de forme	• Formalités communes à toutes sociétés (↪ fiche 6) • Constitution sans offre au public de titres : mentions statutaires : type et forme des actions émises, mode de gestion, règles relatives aux organes, noms des premiers administrateurs ou membres du CS • Constitution avec offre au public de titres (↪ fiche 4) : projet obligatoire de statuts, information du public, bulletins de souscription obligatoires, assemblée constitutive pour l'approbation des statuts et la nomination des organes sociaux

2 Évolution de la SA

A. Augmentation de capital

La décision d'augmenter le capital relève de la compétence de l'AGE, avec délégation possible au CA ou au directoire :

- du pouvoir de fixer les modalités d'émission des actions ;
- ou de la compétence de décider de l'opportunité de l'augmentation du capital, en une ou plusieurs fois, dans un délai maximum de 26 mois et dans la limite d'un plafond global.

Le CA ou le directoire doit informer les actionnaires par un rapport à l'AGE sur la situation de la société et les modalités de l'opération.

Modalités d'augmentation du capital

Par apport en numéraire	• Sous condition préalable de libération intégrale du capital • **Droit préférentiel de souscription** : – droit pour tout actionnaire, dans un certain délai, de souscrire en priorité des actions nouvelles, à proportion des actions déjà détenues – possibilité pour l'actionnaire de céder ou renoncer à son DPS et possibilité pour l'AGE de supprimer le DPS • **Prime d'émission** éventuellement versée par les nouveaux actionnaires, à la demande de l'AGE, en présence de réserves • **Libération des apports** du quart minimum des actions émises, le solde dans les 5 ans • **Offre publique de titres** possible
Par apport en nature	Évaluation obligatoire par un CAA (même règle qu'à la constitution)
Par incorporation de réserves	• Décision aux conditions de majorité de l'AGO • Élévation du montant nominal des actions détenues ou attribution gratuite d'actions nouvelles à proportion des actions détenues

▸ Exemple

Le capital de la SA Dupix s'élève à 100 000 €. Il est divisé en 1 000 actions de 100 €, réparties entre deux actionnaires :
- Justine Dupont possède 600 actions ;
- Léo Lapix détient 400 actions.

L'AGE décide d'augmenter le capital de 10 000 € par apport en numéraire, avec émission de 100 actions nouvelles.
Les deux actionnaires exercent leur droit préférentiel de souscription :
- Justine Dupont souscrit 60 actions nouvelles ;
- Léo Lapix en souscrit 40.

Le nouveau capital s'établit à 110 000 € et se répartit comme suit :
- Justine Dupont : 660 actions ;
- Léo Lapix : 440 actions. ◂

B. Réduction de capital

L'AGE peut décider une réduction de capital, sur rapport du CAC s'il en existe un. Le pouvoir de réaliser l'opération peut être délégué par l'AGE au CA ou au directoire.

Modalités de la réduction de capital

Effets	Annulation des actions proportionnelle à celles détenues, dans le respect de l'égalité des actionnaires
Réduction de capital non motivée par des pertes	Droit d'opposition des créanciers devant le tribunal de commerce qui peut prendre les décisions suivantes : – soit rejeter l'opposition – soit imposer à la société la constitution de garanties – soit ordonner le remboursement des créances
Réduction de capital motivée par des pertes	• Réduction possible en dessous du capital minimum sous condition suspensive d'augmentation du capital (« coup d'accordéon ») • Perte de la moitié du capital : – en cas de capitaux propres inférieurs à la moitié du capital social – AGE obligatoire pour statuer sur l'opportunité de la dissolution – si la dissolution est écartée, obligation de reconstituer les capitaux propres avant la fin du 2e exercice suivant celui constatant les pertes – à défaut de régularisation, réduction obligatoire du capital du montant des pertes non imputées sur les réserves

Procédure en cas de perte de la moitié du capital social (exercice clos au 31/12/N)

- **juin N+1** → • AGO approuvant les comptes de l'exercice N et constatant des pertes rendant les capitaux propres inférieurs à la moitié du capital social
- **octobre N+1** → • Réunion des actionnaires en AGE pour statuer sur la dissolution de la société
- **31/12 N+3** → • Obligation de reconstituer les capitaux propres (au dessus de la moitié du capital social)

C. Transformation de la SA

Pour toute transformation, la SA doit respecter les conditions suivantes :
- deux ans d'existence et approbation des bilans des deux premiers exercices ;
- un rapport du CAC s'il en existe un ;
- la consultation de l'AG des obligataires si la SA a émis des obligations.

Conditions propres à chaque transformation

SA en SARL	Décision prise par l'AGE aux conditions de majorité prévues pour les décisions extraordinaires des SARL (↪ fiche 14)
SA en SAS	Décision à l'unanimité des actionnaires
SA en SNC	Décision à l'unanimité des actionnaires (conditions d'ancienneté et rapport du CAC non exigés)
SA en SCA	Accord de tous les actionnaires qui auront la qualité de commandités
SA en société civile	Décision à l'unanimité des actionnaires

D. Dissolution de la SA

Outre les causes de dissolution communes à toutes les sociétés, la SA peut être dissoute pour les raisons suivantes :

- capital inférieur au minimum légal, sans transformation ou régularisation ;
- nombre d'actionnaires inférieur à 2 (à 7, dans les SA cotées) depuis plus d'un an ;
- capitaux propres inférieurs à la moitié du capital social si la situation n'est pas régularisée à la fin du deuxième exercice suivant la constatation des pertes ou si les actionnaires ne sont pas consultés.

LE + DE L'EXPERT

La constitution d'une SA en faisant offre au public de titres financiers est soumise à une procédure lourde, peu fréquente en pratique. Toutefois, il est possible, au cours de la vie sociale, d'augmenter le capital en offrant au public les actions nouvelles émises. L'AGE peut décider alors la suppression du DPS sans indication de bénéficiaire.

16 Société anonyme (SA) : dirigeants

Mots-clés

Administrateur • CAC • Conseil d'administration • Conseil de surveillance • Directeur général • Directeur général délégué • Directoire

La SA peut être gérée selon deux modalités, avec des organes différents :

- SA à forme classique (CA, PCA, DG) ;
- SA à directoire et conseil de surveillance.

Le mode de gestion est choisi à la constitution ; il est mentionné dans les statuts. Il peut être modifié en cours de vie sociale par décision extraordinaire des actionnaires.

1 Gestion de la SA à forme classique

A. Conseil d'administration (CA)

Composé de 3 à 18 administrateurs, personnes physiques ou morales, âgées de moins de 70 ans pour les deux tiers, avec une représentation équilibrée des femmes et des hommes, le CA est soumis à des règles et procédures précises.

Règles relatives au CA

Cumul avec un contrat de travail	Le cumul est autorisé sous conditions : – respect des conditions jurisprudentielles (↪ fiche 7) – maximum un tiers d'administrateurs liés par un contrat de travail – antériorité du contrat de travail dans les SA dépassant les seuils des PME
Nomination	• Décision en AGO • Cooptation (nomination provisoire par le CA lui-même sous réserve de ratification par l'AGO) en cas de démission ou de décès en cours de mandat : – possible si le nombre d'administrateurs est supérieur ou égal au minimum statutaire – obligatoire si le nombre d'administrateurs est inférieur au minimum statutaire mais supérieur ou égal au minimum légal – interdite si le nombre d'administrateurs est inférieur au minimum légal
Durée	Statutaire, maximum 6 ans
Cessation des fonctions	• Démission, empêchement personnel, limite d'âge, changement de mode de gestion, transformation ou dissolution de la SA • Révocation par l'AGO (sans indemnités)
Rémunération	Montant global fixé en AGO, réparti ensuite par le CA entre les administrateurs

Mission et pouvoirs	• Détermination des orientations de l'activité de la société • Surveillance de l'action du DG • Pouvoirs spécifiques, notamment établissement des comptes annuels, rapport de gestion, rapport sur le gouvernement d'entreprise • Autorisation préalable des cautions, avals et garanties consentis par le DG • Limites : pouvoirs des autres organes et objet social
Décisions	• Quorum : moitié des administrateurs • Majorité des voix des administrateurs présents ou représentés • Voix du PCA prépondérante en cas de partage de voix
Réunions	• Convocation par le PCA • Représentation possible par un autre administrateur

B. Président du CA (PCA)

Les administrateurs désignent, parmi eux, un président personne physique de moins de 65 ans, sauf clause statutaire contraire.

Règles relatives au PCA

Durée et cessation des fonctions	• Durée statutaire ou fixée par le CA, au maximum durée du mandat d'administrateur • Cessation des fonctions : démission, empêchement personnel, limite d'âge, perte de la qualité d'administrateur, révocation par le CA (sans indemnités)
Mission	• Organise et dirige les travaux du CA, en rend compte à l'AG • Veille au bon fonctionnement des organes sociaux
Rémunération	Fixée par le CA

C. Directeur général (DG)

Le CA nomme le directeur général, personne physique de moins de 65 ans (en l'absence d'autre limite statutaire). Il peut s'agir du PCA, d'un autre administrateur ou d'un tiers.

Règles relatives au DG

Durée et cessation des fonctions	• Durée statutaire • Cessation des fonctions par démission, empêchement personnel, limite d'âge, révocation par le CA (avec indemnités en l'absence de juste motif, sauf si le PCA est également DG)
Rémunération	Fixée par le CA

Pouvoirs	• Dans les rapports avec les associés : – direction générale de la société sous le contrôle du CA – pouvoirs limités par la compétence des autres organes, objet social, décision du CA, clause limitative, autorisation préalable du CS pour les cautions avals ou garanties accordés par la société • Dans ses rapports avec les tiers : représentant légal, qui engage la société par tout acte, même dépassant les limites statutaires ou l'objet social (sauf tiers ayant connaissance du dépassement de l'objet)

Le CA peut nommer facultativement un Directeur général délégué (DGD) (ou plusieurs, cinq maximum), personnes physiques, administrateur ou tiers, de moins 65 ans. Le DGD cesse ses fonctions en même temps que le DG. Il assiste le DG et ses pouvoirs sont fixés par le CA. Il peut engager la société vis-à-vis des tiers.

2 Gestion de la SA à directoire

A. Directoire

Le directoire est nommé par le conseil de surveillance ; il comprend 2 à 5 membres (un seul membre si le capital est inférieur à 150 000 €), personnes physiques, actionnaires ou non, de moins de 65 ans (sauf clause statutaire contraire) non membres du conseil de surveillance.

Règles relatives au directoire

Pouvoirs	• Dans les rapports avec les associés : – pouvoirs les plus étendus pour agir dans l'intérêt de la société – pouvoirs spécifiques notamment établissement des comptes annuels – limitation des pouvoirs : compétence des autres organes, objet social, clauses limitatives, autorisation préalable du CS pour les cautions, avals ou garanties accordés par la société • Dans les rapports avec les tiers : président du directoire, représentant légal, engage la société par tout acte, même dépassant les limites statutaires ou l'objet social (sauf tiers connaissant le dépassement de l'objet)
Durée et cessation des fonctions	• Durée statutaire entre 2 et 6 ans, à défaut 4 ans • Cessation des fonctions : – simultanée de tous les membres en fin de mandat, – individuelle par démission, empêchement personnel, révocation par l'AG ou par le CS si prévu par les statuts (indemnités en l'absence de juste motif)
Rémunération	Fixée par le CS pour chaque membre
Président du directoire	• Désigné par le CS parmi les membres du directoire • Révocation sans indemnité
Fonctionnement	• Décisions prises collégialement, selon les modalités statutaires • Remise au CS d'un rapport trimestriel sur la marche de la société

B. Conseil de surveillance

Les règles relatives au CA s'appliquent, à quelques exceptions près.

Règles propres au conseil de surveillance

Pouvoirs	• Contrôle permanent de l'action du directoire • Absence de pouvoir externe (non-immixtion dans la gestion) • Pouvoirs spécifiques (ex. : autorisation des cautions, avals et garanties)
Composition	Incompatibilité avec les fonctions de membre du directoire
Président et vice-président	• Nomination par le CS parmi ses membres d'un président et d'un vice-président • Personne physique chargée de convoquer le CS et diriger ses travaux
Responsabilité	• Limitée civilement aux fautes personnelles commises dans l'exercice de la mission • Pénalement en cas de complicité de délit commis par le directoire

3 Limitation du cumul des mandats sociaux

La loi limite les mandats exercés dans les SA ayant leur siège social en France par des personnes physiques et par les représentants permanents des mandataires personnes morales (sanction par la démission du mandat excédentaire).

Limites au cumul des mandats sociaux dans les SA

	Limite	Dérogations (cumulables)
Nombre de mandats d'administrateur ou de membre du CS	Cinq	• Nombre illimité de mandats dans des SA contrôlées • Cinq mandats dans des SA sœurs non cotées équivalent à un mandat
Mandat de DG ou de membre du directoire (DGD exclu)	Un	• Un autre mandat dans une SA contrôlée par la première • Un autre mandat dans une autre SA si les deux sont non cotées
Tous mandats confondus	Cinq (trois dans les SA cotées de grande taille)	DG et administrateur d'une même SA comptent pour un mandat

LE + DE L'EXPERT

En matière de mixité des conseils d'administration, il existe des quotas particuliers applicables aux sociétés cotées, lesquelles doivent compter un minimum de 40 % d'administrateurs de chaque sexe.

17 Société anonyme (SA) : contrôles

Mots-clés

Commissaire aux comptes • Convention interdite • Convention libre • Convention réglementée • Expert de gestion

1 Contrôle des conventions

A. Conventions réglementées

Sont soumises à contrôle les conventions passées directement ou par personne interposée entre la SA et :

- un administrateur, membre du CS, DG, DGD, membre du directoire, représentant permanent d'un administrateur ou membre du CS personne morale ;
- un actionnaire détenant plus de 10 % des droits de vote ;
- une société contrôlant une société actionnaire détenant plus de 10 % des droits de vote ;
- une entreprise dont le propriétaire, associé indéfiniment responsable, le gérant, un administrateur, un membre du CS ou un dirigeant est également DG, DGD, administrateur ou membre du conseil de surveillance ou du directoire de la SA.

Procédure des conventions réglementées

Double contrôle
- Information préalable du CA/CS par toute personne concernée
- Décision du CA/CS d'autoriser ou non la convention (sans l'intéressé)
- Après conclusion de la convention, décision de l'AGO (sans l'intéressé) d'approuver ou non la convention, sur rapport spécial rédigé par le CAC s'il en existe un ou par le PCA/PCS

Sanctions
- Nullité de la convention conclue sans autorisation du CA/CS en cas de préjudice subi par la SA
- Convention non approuvée : responsabilité de l'intéressé et du CA/CS en cas de préjudice subi par la SA

B. Conventions libres et interdites

Conventions libres	Ne sont pas soumises à contrôle les conventions entre la SA et une personne visée : – portant sur une opération courante (activité habituelle de la société) – conclues à des conditions normales
Conventions interdites	• Emprunt, découvert, cautionnement ou aval accordé par la société à un administrateur ou membre du CS personne physique, DG, DGD, membre du directoire, conjoint, ascendant ou descendant de ces personnes • Sanction : nullité absolue de la convention

2 Autres contrôles

A. Autres contrôles internes

Les autres contrôles exécutés en interne portent sur :

- l'approbation des comptes par les actionnaires ;
- les questions écrites au conseil d'administration/directoire pouvant être posées par tout actionnaire à compter de sa convocation à l'AG (réponse lors de l'assemblée) ;
- le contrôle par les organes sociaux : conseil d'administration et conseil de surveillance (➥ fiche 15).

B. Modalités de contrôle de la SA

Autres contrôles externes

Expert de gestion	Nommé en justice (➥ fiche 3), à la demande d'actionnaire(s) détenant au moins 5 % du capital, après question écrite au PCA/directoire demeurée sans réponse satisfaisante
Autorité des marchés financiers (AMF)	Uniquement pour les SA cotées
CAC	• Nomination obligatoire en AGO pour les SA : – qui dépassent, à la clôture d'un exercice, deux des trois seuils suivants : 4 M € de bilan ; 8 M € de CAHT ; 50 salariés – qui contrôlent d'autres sociétés, si elles dépassent ensemble ces seuils, ou SA contrôlées – à la demande d'associé(s) représentant plus du tiers du capital, pour une mission adaptée (mission ALPE ➥ fiche 9) • Nomination facultative par décision des actionnaires ou en justice sur demande d'un actionnaire représentant au moins 10 % du capital • Mission d'audit légal et missions ponctuelles, notamment obligation d'alerte en cas de constatation de faits de nature à compromettre la continuité de l'exploitation

LE + DE L'EXPERT

Afin d'alerter le dirigeant, un ou plusieurs actionnaires représentant au moins 5 % du capital social (ou une association d'actionnaires dans une SA cotée) peuvent, deux fois par exercice, poser des questions par écrit au PCA ou au directoire sur tout fait de nature à compromettre la continuité de l'exploitation.

18 Société anonyme (SA) : actionnaires

Mots-clés

• Assemblée générale extraordinaire • Assemblée générale ordinaire • Clause d'agrément • Clause de préemption

Les actionnaires ont l'obligation de libérer leur apport et de contribuer aux pertes dans la limite de celui-ci. Ils disposent de divers droits.

1 Droits politiques et financiers des actionnaires

A. Droits politiques

Les actionnaires peuvent exercer leur droit à l'information (↪ fiche 8) :

- En permanence, pour consulter au siège social les documents des trois derniers exercices.
- Avant une assemblée, par envoi à l'actionnaire des documents correspondants (rapports, ordre du jour et texte des résolutions).
- Avant l'AGOA, transmission également à l'actionnaire des comptes de l'exercice, du rapport de gestion et du rapport sur le gouvernement d'entreprise.
- Tout actionnaire a le droit de participer aux assemblées lui-même ou en se faisant représenter par un autre actionnaire ou par son conjoint (ou un tiers dans les SA cotées). Il peut voter à distance ou par visioconférence si les statuts le prévoient. Chaque actionnaire dispose d'un nombre de voix proportionnel aux actions détenues, sauf exceptions (actions de préférence à droit de vote multiple ou sans droit de vote). Le droit de vote est librement exercé, sauf exceptions : actions non libérées des versements exigibles, suppression du droit de vote pour certaines décisions (ex. : contrôle des conventions réglementées).

Selon la nature des décisions prises, une AG peut être ordinaire, extraordinaire ou mixte (décisions relevant de la compétence de l'AGO et de l'AGE). L'AG est convoquée par le CA ou le directoire. L'ordre du jour est fixé par l'auteur de la convocation (possibilité pour tout actionnaire détenant au moins 5 % du capital de demander l'ajout d'un projet de résolution ou d'un point à l'ordre du jour).

Conditions de quorum et de majorité aux assemblées

	AGO	AGE
Quorum	• Sur première convocation, 1/5 des actions ayant droit de vote • Sur seconde convocation, aucun quorum	• Sur première convocation, 1/4 des actions ayant droit de vote • Sur seconde convocation, 1/5 des actions ayant droit de vote
Majorité	Majorité des voix exprimées par les actionnaires présents ou représentés	2/3 des voix exprimées par les actionnaires présents ou représentés

B. Droits financiers

Droit aux dividendes	Répartition des bénéfices à proportion de l'apport ou selon d'autres modalités (ex. : dividende majoré versé aux actions nominatives détenues depuis plus de 2 ans, droits particuliers liés aux actions de préférence)
Droits liés à la liquidation de la société	• Droit au remboursement de l'apport • Droit à un éventuel boni de liquidation

2 Cession des actions

Les actions de SA peuvent être librement cédées, sans formalisme particulier.

Dans les SA non cotées, les statuts peuvent contenir des clauses limitatives de cession.

Clauses limitant la liberté de cession

Clause d'agrément	• Clause prévoyant un agrément pour les cessions entre actionnaires ou à des tiers • Procédure légale d'agrément – demande d'agrément notifiée par le cédant à la SA – décision de l'organe prévu par les statuts (agrément réputé accordé sans réponse dans les 3 mois) – notification de l'agrément au cessionnaire • En cas de refus d'agrément, droit au rachat par un actionnaire, un tiers agréé ou par la société qui réduit le capital à proportion
Clause de préemption	Clause imposant à l'actionnaire souhaitant céder ses actions de les proposer en priorité aux autres actionnaires ou à une partie d'entre eux, dans un certain délai

▸ **Exemple**

Clause d'agrément

« Toute transmission d'actions à un tiers, par cession, donation ou échange, doit être autorisée préalablement par décision du CA, statuant à la majorité des voix. » ◂

LE + DE L'EXPERT

Certains actionnaires peuvent convenir d'une cession limitée de leurs actions dans un contrat, dit « pacte d'actionnaires », qui n'a d'effet qu'entre eux.

19 Société par actions simplifiée (SAS) : constitution et évolution

Mots-clés

Associés • Constitution • Dissolution • Société par actions simplifiée • Transformation

Définition

La **société par actions simplifiée (SAS)** est une société par actions, commerciale, dans laquelle les associés voient leur responsabilité limitée au montant de leurs apports.

Son fonctionnement est régi principalement par ses statuts. Toutefois, les règles prévues pour la SA s'appliquent à la SAS lorsque la loi ne prévoit pas de dispositions spéciales (organes de direction, assemblées, transformation) ou que les statuts ne décident pas d'y déroger.

1 Constitution de la SAS

A. Conditions de fond

En matière de **constitution**, des obligations s'imposent aux **associés** et le capital obéit à des règles précises.

Conditions de fond de constitution de la SAS

Associés	• Au moins un associé (SAS unipersonnelle) ou plusieurs (SAS pluripersonnelle). • Personne physique ou morale capable.
Capital	• Montant librement fixé par les statuts, capital variable possible, divisé en actions. • Tous les apports sont possibles : – les apports en numéraire sont souscrits et libérés dans les conditions de la SA (↳ fiche 15) ; – les apports en nature doivent en principe être évalués par un CAA (↳ fiche 4), sauf si les associés écartent cette intervention à l'unanimité, et qu'aucun apport en nature ne dépasse 30 000 €, la somme des apports en nature ne dépassant pas la moitié du capital social ; – les apports en industrie doivent être prévus par les statuts. • Interdiction de procéder à une offre publique de titres (OPT).

B. Conditions de forme

Les conditions formelles correspondent :

- aux formalités habituelles (↳ fiche 6) ;
- à la dispense d'insertion au Bodacc pour la SAS présidée par un associé unique, personne physique.

2 Évolutions de la SAS

Parmi les évolutions possibles de la SAS, figurent :

- **Les opérations sur le capital**

Les règles de la SA s'appliquent (↳ fiche 15).

- **La transformation**

La **transformation** en SAS requiert l'unanimité des voix des associés, dans le respect des conditions de la structure d'accueil et moyennant l'intervention éventuelle du CAC. La transformation de la SAS obéit aux mêmes règles que la SA (↳ fiche 15).

La transformation n'implique pas la création d'une nouvelle personne morale.

- **La dissolution**

Les causes communes de **dissolution** s'appliquent (↳ fiche 10).

Si le montant des capitaux propres devient inférieur à la moitié du capital, les associés doivent être mis en mesure, dans les quatre mois suivant l'approbation des comptes ayant fait apparaître la perte, de décider d'une dissolution anticipée de la société. Ils peuvent écarter la dissolution, la société disposant de deux exercices pour assainir sa situation financière.

La dissolution est en principe suivie d'une liquidation.

Pour la dissolution de la SASU, les règles relatives à la dissolution de l'EURL (↳ fiche 13) s'appliquent :

- Si l'associé unique est une personne morale, la dissolution entraîne une transmission universelle de patrimoine.
- Si l'associé unique est une personne physique, la société est liquidée.

LE + DE L'EXPERT

La SAS peut correspondre à la fois :

- Aux petites structures (ex. : un entrepreneur individuel décide de créer une SAS pour bénéficier de la responsabilité limitée aux apports). L'un des enjeux du choix de la SAS plutôt que de la SARL est le statut social et fiscal du dirigeant. En SAS, le président est assimilé à un salarié, contrairement au gérant majoritaire de SARL.
- Aux grosses structures. L'avantage de la SAS, par rapport à la SARL, réside dans la possibilité d'émettre des actions, titres en principe librement cessibles et négociables. Comparée à la SA, la SAS offre une certaine souplesse statutaire, qui permet d'organiser relativement librement les rapports entre associés mais, l'offre publique de titres étant interdite, les possibilités de financement de la société peuvent s'en trouver limitées à terme.

20 Société par actions simplifiée (SAS) : fonctionnement

Mots-clés

Associés • Commissaire aux comptes • Conventions réglementées • Expert de gestion • Président • Rapport sur les conventions réglementées • Statuts

1 Dirigeants

Le président est le seul organe légalement obligatoire. La SAS peut néanmoins en comporter d'autres.

Organes de direction de la SAS

Président	• Personne physique ou morale nommée dans les conditions statutaires • Représentant légal disposant des pouvoirs les plus étendus pour agir en toute circonstance au nom de la société, sous réserve de respecter les pouvoirs des associés prévus par la loi • Société engagée par les actes de son président, même au-delà de l'objet social, vis-à-vis des tiers de bonne foi (qui ignorent l'objet). Clauses statutaires inopposables aux tiers
Directeur général	Possibilité de prévoir, dans les statuts, qu'une autre personne physique ou morale dispose de ce même pouvoir de représentation légale, sous réserve que son nom soit publié au RCS
Autres organes	Selon les dispositions statutaires

▸ **Exemple**

Clause de nomination d'un directeur général

« Le **président** peut donner mandat à une personne morale ou à une personne physique afin de l'assister en qualité de directeur général. Le directeur général dispose des mêmes pouvoirs que le président, il peut notamment engager la société à l'égard des tiers. » ◂

2 Collectivité des associés

A. Droits des associés

Les **associés** disposent classiquement d'un droit à l'information (prévu selon les conditions statutaires), de droits financiers et de droits politiques. Seules seront étudiées les spécificités de la structure.

Décisions collectives des associés

Compétence de la collectivité des associés	• Opérations sur le capital, dissolution, transformation, nomination des CAC, approbation des comptes annuels et des conventions réglementées, certaines clauses statutaires • Autres décisions : une décision collective des associés n'est requise que si les statuts le prévoient • Application des règles de la SA pour les opérations sur le capital (↪ fiche 15)
Participation aux décisions	Règles fixées par les statuts (AG, consultation écrite, représentation...)
Règles de majorité	• Selon les dispositions statutaires pour l'insertion ou la modification d'une clause d'exclusion ou d'agrément • Unanimité pour l'insertion d'une clause statutaire d'inaliénabilité des actions

B. Rapports entre associés

La loi permet aux statuts de réglementer l'admission et le retrait des associés dans le capital de la société. L'inobservation des dispositions statutaires est sanctionnée par la nullité de la cession.

Clauses statutaires

Clauses d'agrément	• Cession d'actions soumise à l'agrément de la société en permettant aux associés en place de contrôler l'admission d'un nouvel associé • Autorisation même entre associés et également en cas de succession • Inscription dans les statuts de l'organe compétent pour statuer sur l'agrément • En cas de refus d'agrément, rachat obligatoire des actions par la société (cession ou annulation dans les 6 mois)
Clauses d'inaliénabilité	• Interdiction pour les associés de céder tout ou partie des actions en vue de la création d'un noyau stable d'associés • Durée maximale de 10 ans • Mention dans les statuts des types de cession concernés
Clauses d'exclusion	• Cession obligatoire des actions par l'associé pour qu'il quitte la société • Motifs et modalités de l'exclusion à prévoir par les statuts • Dans le silence des statuts, fixation conventionnelle du prix de cession ou selon la procédure d'expertise prévue par le Code civil • En cas de rachat par la société, cession ou annulation des actions dans les 6 mois

▸ **Exemple**

Clause d'inaliénabilité

« Pendant une durée de 5 ans à compter de l'acquisition ou de la souscription des actions, les associés ne pourront céder leurs actions. La cession s'entend de toute cession à titre onéreux à des tiers à la société. Toutes les cessions d'actions effectuées en violation de ces dispositions sont nulles. Au surplus, une telle cession constitue un juste motif d'exclusion. » ◂

3 Contrôle

A. Contrôles internes

Par les associés	Lors de l'approbation des comptes.
Par un expert de gestion	Un ou plusieurs associés représentant 5 % du capital, le ministère public, le CSE peuvent demander en justice la nomination d'un expert de gestion chargé de faire un rapport sur une ou plusieurs opérations de gestion contestées (↪ fiche 3).
Contrôle des conventions	• Les conventions réglementées sont les conventions intervenues directement ou par personne interposée entre la société et son président, l'un de ses dirigeants, l'un de ses actionnaires disposant d'une fraction des droits de vote supérieure à 10 % ou, s'il s'agit d'une société actionnaire, la société la contrôlant. • Le CAC ou le président présente aux associés un rapport sur les conventions réglementées conclues par la société. Les associés statuent sur ce rapport. • Les conventions non approuvées produisent leurs effets (mais elles peuvent engager la responsabilité de l'intéressé). • Les conventions libres sont les conventions courantes conclues à des conditions normales. Elles ne sont soumises à aucune procédure. • Les conventions interdites sont nulles. Il est interdit au président ou autres dirigeants personnes physiques de contracter des emprunts, de se faire consentir un découvert ou de faire cautionner ou avaliser par la société un engagement. L'interdiction s'étend au conjoint, ascendant, descendant des dirigeants concernés ou à toute personne interposée.

B. Contrôle externe : le CAC

La nomination d'un CAC peut être :

- Obligatoire. Sont tenues de nommer un CAC par décision des associés :
  - les SAS qui dépassent, à la clôture d'un exercice, deux des trois seuils suivants : 4 M€ de total de bilan, 8 M€ de CAHT, effectif moyen de 50 salariés ;
  - les SAS qui sont contrôlées par d'autres ou qui en contrôlent d'autres en cas de dépassement de certains seuils fixés par décret ;
  - sur demande motivée du tiers des associés à la société ;
  - sur décision de justice, à la demande des associés représentant au moins 10 % du capital.
- Facultative. Les statuts ou les associés statuant à la majorité peuvent prévoir la nomination d'un CAC. Un CAC peut aussi être nommé par la société, à la demande motivée d'un ou de plusieurs associés représentant au moins le tiers du capital. Sa mission est alors adaptée (mission ALPE ↪ fiche 9).

LE + DE L'EXPERT

L'associé unique exerce la totalité des pouvoirs reconnus aux associés. Ses décisions sont répertoriées dans un registre. Lorsque l'associé unique, personne physique, est président, le dépôt au RCS de l'inventaire et des comptes annuels dûment signés vaut approbation des comptes.

21 Société en nom collectif (SNC)

Mots-clés

Agrément • Commerçant • Obligation indéfinie et solidaire aux dettes sociales • Parts sociales • Unanimité

1 Constitution de la SNC

La SNC est constituée avec au minimum deux associés, personnes physiques ou morales ayant la capacité d'être commerçant. Le capital est librement fixé dans les statuts et tout type d'apport est possible. L'objet est civil ou commercial. Les statuts, écrits, déterminent la plupart des modalités de fonctionnement de la société.

2 Fonctionnement de la SNC

A. Gérance de la SNC

Les associés nomment, dans les statuts ou par acte séparé, un ou plusieurs gérants personnes physiques ou morales, associés ou non. À défaut , tous les associés sont gérants.

Règles relatives à la gérance de la SNC

Cessation des fonctions	• Démission, empêchement personnel • Révocation : – gérant associé statutaire (ou tous associés gérants) : révocation à l'unanimité des associés, entraînant dissolution de la SNC sauf clause contraire ou décision unanime des associés, droit de retrait du gérant – gérant associé non statutaire : révocation aux conditions statutaires ou à défaut à l'unanimité (pas de dissolution de la SNC) – gérant non associé : révocation aux conditions statutaires ou à défaut à la majorité (pas de dissolution de la SNC)
Cumul avec un contrat de travail	• Impossible pour le gérant associé • Possible dans les autres cas si respect des conditions jurisprudentielles (↪ fiche 7)
Pouvoirs	• Dans les rapports avec les associés : pouvoir d'accomplir tout acte de gestion dans l'intérêt de la société (sauf clause limitative) • Dans les rapports avec les tiers – représentation légale de la société – engagement de la société par tout acte du gérant entrant dans l'objet social et par les actes excédant les limites statutaires

▸ **Exemple**

Clause limitative des pouvoirs du gérant

« Dans les rapports entre associés, le gérant peut accomplir tous les actes de gestion dans l'intérêt de la Société. Toutefois, et sans que cette clause puisse être opposée aux tiers ni invoquée par eux, il est convenu que tout achat ou vente d'un immeuble ne pourra être réalisé sans avoir été autorisé au préalable par une décision collective des associés. » ◂

B. Associés de la SNC

Outre l'obligation de libérer leurs apports, les associés ont une obligation aux dettes sociales indéfinie et solidaire. Elle s'exerce après mise en demeure de la société par le créancier, par acte d'huissier, restée vaine après un délai de 8 jours.

Droits des associés

Droits politiques	• Droit à l'information • Consultation des documents sociaux et possibilité de poser par écrit des questions au gérant deux fois par exercice • Communication 15 jours avant l'assemblée annuelle des documents (comptes annuels, rapports, texte des résolutions)
	• Droit de vote : nombre de voix égal au nombre de parts sociales détenues
	• Participation aux décisions collectives • Tenue d'une assemblée obligatoire pour l'approbation des comptes annuels ou à la demande d'un associé • Selon statuts, possibilité de consultation écrite ou signature d'un acte par tous les associés • Règles de majorité fixées par les statuts, sauf décisions devant être prises à l'unanimité (agrément des cessions de parts sociales, transformation de la SNC en SAS, décisions relatives à la révocation d'un gérant associé, continuation de la société malgré la perte de la qualité de commerçant par un associé)
Droits financiers	• Droit aux bénéfices • Droit au remboursement de l'apport et à un éventuel boni de liquidation
Cession des parts sociales (PS)	• Agrément obligatoire pour toute cession de PS à l'unanimité des associés • Absence de droit au rachat des PS en cas de refus d'agrément • Opposabilité de la cession : notification à la société de la cession constatée par écrit et publication des statuts modifiés au RCS
Décès d'un associé	• En principe, fin de la SNC • Continuation possible selon statuts, entre les associés survivants ou avec les héritiers (versement aux héritiers exclus de la valeur des PS)

C. Contrôle de la SNC

La SNC est soumise à des contrôles limités :

Modalités de contrôle de la SNC

Contrôle interne	• Par les associés lors de l'approbation des comptes annuels • Absence de contrôle des conventions entre la SNC et le gérant ou un associé

▶

Contrôle externe par un CAC	• Nomination obligatoire d'un CAC : – SNC dépassant deux des trois seuils suivants : total du bilan : 4 M€ ; CAHT : 8 M€ ; effectif moyen : 50 salariés – SNC contrôlant d'autres sociétés si elles dépassent, ensemble, ces seuils ou SNC qui sont contrôlées – à la demande d'associé(s) représentant au moins le tiers du capital • Nomination facultative par décision des associés ou par décision de justice à la demande d'un associé

3 Évolution de la SNC

La transformation de la SNC intervient par décision des associés :

- prise à l'unanimité en cas de transformation en SAS ;
- prise à la majorité prévue par les statuts dans les autres cas (à défaut à l'unanimité).

La SNC peut être dissoute pour des causes spécifiques.

Causes de dissolution d'une SNC

	Exceptions
Décès d'un associé	Continuation de la société prévue par les statuts.
Perte de la qualité de commerçant d'un associé	• Clause contraire des statuts, ou décision des autres associés à l'unanimité. • Conséquence : annulation des parts sociales de l'associé concerné, réduction du capital en proportion et versement à l'associé de la valeur de ses parts.
Révocation d'un gérant associé statutaire ou cas dans lequel tous les associés sont gérants	Clause contraire des statuts, ou décision des autres associés à l'unanimité.
Continuation de la société avec un héritier mineur	Transformation en société en commandite dans le délai d'un an

LE + DE L'EXPERT

La SNC se caractérise par des conditions de constitution peu contraignantes, une gérance stable, des contrôles réduits. Du point de vue des associés, c'est une société fermée à risque illimité.

22 Économie sociale et solidaire (ESS)

Mots-clés

Association • Coopérative • ESS

1 Économie sociale et solidaire (ESS)

Définition

L'économie sociale et solidaire (**ESS**) recouvre un ensemble d'entreprises organisées notamment sous forme de coopératives ou associations, dont le fonctionnement interne et les activités sont fondés sur un principe de solidarité et d'utilité sociale.

Caractéristiques de l'ESS

Cadre	Loi du 31 juillet 2014 relative à l'ESS
Principes	• Les entreprises de l'ESS : – adoptent des modes de gestion démocratiques et participatifs – encadrent l'utilisation des bénéfices : absence de profit individuel, réinvestissement des résultats, ressources financières en partie publiques • Poursuivent une utilité sociale les entreprises dont l'objet social : – apporte un soutien à des personnes en situation de fragilité (salariés, usagers, clients, membres ou bénéficiaires de l'entreprise) – contribue à la lutte contre les exclusions et les inégalités – concourt au développement durable, à la transition énergétique et à la solidarité internationale
Structures	• Associations, coopératives, mutuelles, fondations • Sociétés commerciales recherchant une utilité sociale dont le but dépasse le seul partage des bénéfices, à gouvernance démocratique, et qui constituent une réserve statutaire impartageable (fonds de développement)

L'ESS représente 10 % du PIB français et emploie 2,4 millions de salariés, soit 12,8 % de l'emploi privé, surtout dans le milieu associatif (77 %). L'agrément Entreprise solidaire d'utilité sociale (ESUS) permet de labelliser les entreprises les plus exigeantes socialement pour attirer des investisseurs privés au travers de l'épargne solidaire.

2 Associations

Définition

L'**association** est la convention par laquelle deux ou plusieurs personnes mettent en commun, d'une façon permanente, leurs connaissances ou leur activité dans un but autre que le partage des bénéfices.

Principes généraux régissant les associations

Constitution/ fonctionnement	• Liberté contractuelle de principe (loi de 1901) : les sociétaires rédigent un contrat d'association qui régit le fonctionnement et la représentation de l'association. Sauf disposition législative ou réglementaire contraire propre à certaines catégories d'associations, une association est libre de définir ses organes de fonctionnement, leurs attributions et l'organe habilité à la représenter vis-à-vis des tiers. En général, ses organes sont l'AG, le CA et le bureau • Absence de but lucratif (absence de partage des bénéfices entre les membres)
Personnalité juridique	• Associations non déclarées : aucune condition de forme, absence de personnalité morale • Associations déclarées : déclaration en préfecture et insertion au *JO* permettent l'acquisition de la personnalité morale • Reconnaissance d'utilité publique par décret en Conseil d'État qui permet de recevoir des dons ou legs
Exercice d'une activité économique	• Une association exerce une activité économique dès lors qu'elle produit, transforme ou facture des produits ou des services, dans un secteur industriel, commercial, artisanal ou agricole • Si l'activité économique reste marginale par rapport à l'activité principale de l'association, il n'y a pas de conséquence comptable ou fiscale • Si l'activité économique est exercée à titre habituel, le contrat doit le prévoir • Une activité commerciale exercée à titre habituel a des conséquences : – fiscales et comptables : soumission éventuelle aux impôts commerciaux, tenue d'une comptabilité et établissement de comptes annuels – juridiques : nomination d'un CAC obligatoire si l'association dépasse deux des trois seuils suivants : total bilan : 1,55 M€, CAHT : 3,1 M€, salariés : 50 – contrôle des conventions réglementées

3 Coopératives

Définition

La **coopérative** est un modèle d'entreprise démocratique qui se caractérise par sa gouvernance démocratique et la double qualité de ses membres.

Les coopératives sont des sociétés de personnes ayant pour finalité première de rendre des services individuels et collectifs à leurs membres.

Elles sont caractérisées par :

- Un but non lucratif (pas de distribution de dividendes, éventuellement droit des sociétaires à un intérêt statutaire et à la ristourne, calculée en fonction des opérations effectuées avec le groupement) et l'impartageabilité des réserves.
- Une double qualité : chaque sociétaire est associé mais aussi client, fournisseur ou salarié.

- Le principe selon lequel une personne équivaut à une voix.
- La liberté d'adhésion et de retrait des sociétaires.
- La rédaction de statuts soumis à publication et à des règles de fonctionnement selon la forme juridique choisie (notamment SA, SARL, société civile).

Typologie des coopératives

	Associés	Exemples
Coopératives d'entreprise	Les associés sont des entrepreneurs.	• Coopératives agricoles (les adhérents sont des agriculteurs qui mettent leur production en commun). • Coopératives d'artisans (les adhérents sont des artisans qui mutualisent les services).
Coopératives d'utilisateurs ou d'usagers	Les associés sont les utilisateurs des biens et des services produits.	Coopératives de consommateurs.
Banques coopératives	Les associés sont les clients.	–
Coopératives de salariés	Les associés sont les salariés.	• Sociétés coopératives et participatives ou coopératives de production. • Sociétés coopératives d'intérêt collectif.

LE + DE L'EXPERT

- 1,5 million d'associations sont actives en France. Le secteur compte 21 millions d'adhérents, 13 millions de bénévoles et emploie près de 10 % des salariés du secteur privé pour un budget de plus de 110 Mds €, soit plus de 3 % du PIB.
- En France, les coopératives concernent 70 % de l'activité des banques de détail, 40 % de l'agroalimentaire ou encore 30 % du commerce de détail. Le secteur dégage un chiffre d'affaires de 317 Mds € et regroupe plus de 37 millions de sociétaires.

23 Société en commandite par actions (SCA)

Mots-clés

Associé • Commanditaire • Commandité • Gérant • SCA

Définition

La société en commandite par actions (SCA), dont le capital est divisé en actions, est constituée entre un ou plusieurs commandités qui ont la qualité de commerçant et des commanditaires, qui ont la qualité d'actionnaires.

1 Principales règles de fonctionnement

A. Constitution

La SCA est constituée par :

- Un ou plusieurs associés **commandités**, personnes physiques ou morales, qui ont la qualité de commerçant et répondent indéfiniment et solidairement des dettes sociales. Tous les types d'apports sont possibles.
- Au moins trois **commanditaires**, actionnaires, dont la responsabilité est limitée au montant des apports. Seuls les apports en numéraire ou en nature sont autorisés.

Le capital minimum est de 37 000 €, avec la possibilité de recourir à l'offre publique de titres (↪ fiche 4).

Écrits, les statuts doivent être publiés pour que la société soit valablement constituée.

B. Fonctionnement

On distingue les représentants de la société – les **gérants** – et les **associés**.

Acteurs de la SCA

Représentant	• Un ou plusieurs gérants, associés commandités ou tiers, personnes physiques ou morales. Interdiction d'immixtion dans la gestion pour les commanditaires. • Limite d'âge statutaire, à défaut 65 ans. • Pouvoirs les plus étendus pour engager la société, au-delà de l'objet si le tiers est de bonne foi.
Associés	• Décisions collectives excédant les pouvoirs du gérant prises en AG avec double consultation (une décision est prise quand les deux assemblées l'ont approuvée) : – commanditaires réunis en AG selon les règles applicables aux SA (↪ fiche 18) – commandités consultés en AG ou par correspondance à l'unanimité (comme les associés de SNC ↪ fiche 21)

C. Contrôle

Contrôle interne	Le conseil de surveillance : – trois membres, au moins, désignés par les commanditaires – un commandité ne peut pas être membre – contrôle permanent de la gestion sociale, notamment sur l'opportunité des décisions de gestion • Application des règles de la SA pour les définitions et les procédures des conventions libres, réglementées, interdites (↪ fiche 17)
Contrôle externe : intervention du CAC	• Nomination obligatoire. Sont tenues de nommer un CAC par décision des associés : – les SCA qui dépassent, à la clôture d'un exercice, deux des trois seuils suivants : 4 M€ de total de bilan, 8 M€ de CAHT, 50 salariés – les SCA qui sont contrôlées par d'autres ou qui en contrôlent d'autres en cas de dépassement de certains seuils fixés par décret – sur décision de justice, à la demande des associés représentant au moins 10 % du capital • Nomination facultative. Les statuts ou les associés statuant à la majorité peuvent prévoir la nomination d'un CAC. Un CAC peut aussi être nommé par la société à la demande motivée d'un ou plusieurs associés représentant au moins le tiers du capital. La mission est alors adaptée (mission ALPE ↪ fiche 9)

2 Utilités

La SCA permet:

- d'obtenir un financement (possibilité de faire une offre au public de titres pour les actions) ;
- de dissocier complètement la gestion et la détention du capital : être minoritaire n'empêche pas de détenir le pouvoir de gestion (en étant commandité) et constitue ainsi un moyen de lutte efficace contre les tentatives de prise de contrôle (car acheter des actions en devenant commanditaire ne permet pas de détenir le pouvoir de gestion, réservé aux commandités) ;
- d'organiser une succession en transmettant la direction de la société à des personnes n'apportant pas de capital (ex. : Michelin).

De plus, la SCA offre une assez grande liberté statutaire et permet une organisation plus souple de la direction que la SA.

LE + DE L'EXPERT

Les sociétés en commandite sont en perte de vitesse. Elles restent néanmoins intéressantes pour les entreprises familiales afin d'éviter la dispersion du patrimoine et de faciliter l'entrée au capital de membres de la famille dépourvus d'apports.

24 Sociétés d'exercice libéral (SEL)

Mots-clés

Ordre • Profession libérale • SEL • Société pluriprofessionnelle d'exercice

Définition

Les **professions libérales** regroupent les personnes exerçant à titre habituel, de manière indépendante et sous leur responsabilité, une activité de nature généralement civile ayant pour objet d'assurer, dans l'intérêt du client ou du public, des prestations principalement intellectuelles, techniques ou de soins mises en œuvre au moyen de qualifications professionnelles appropriées et dans le respect de principes éthiques ou d'une déontologie professionnelle.

Les professions libérales sont très diverses. Certaines sont soumises à un statut législatif ou réglementaire ou voient leur titre protégé : les titulaires de charges et offices (ex. : notaires), les professions organisées en ordres (ex. : experts-comptables) ou encore les professions réglementées (ex. : mandataire-liquidateur).

Définition

Les sociétés d'exercice libéral (**SEL**) sont des sociétés commerciales spécifiques adaptant des formes existantes de sociétés commerciales pour les besoins de l'exercice d'une activité libérale réglementée.

La SELARL est construite sur le modèle de la SARL ; la SELAS, sur celui de la SAS ; la SELCA, sur celui de la SCA ; la SELAFA, sur celui de la SA.

1 Principales règles de constitution et de fonctionnement

A. Constitution

Conditions de fond et de forme

Conditions de fond	• Nombre d'associés variable selon la forme choisie. • Deux catégories d'associés : ceux qui exercent personnellement leur profession dans la société et, dans certaines limites, d'autres (ex. : anciens associés pendant 10 ans). La répartition des droits de vote varie selon la profession concernée (ex. : pour les SEL exerçant une profession juridique ou judiciaire, plus de la moitié du capital social et des droits de vote doit être détenue par une personne exerçant la profession). • Objet civil (exercice d'une ou de plusieurs activités libérales réglementées).
Conditions de forme	• Statuts écrits. • Obtention d'un agrément soit par l'ordre, soit par le garde des Sceaux pour certaines professions (ex. : notaire). • Immatriculation au RCS.

B. Fonctionnement

Le fonctionnement combine des règles applicables aux SARL, SAS, SA ou SCA avec des règles propres aux SEL (ex. : SELAFA : combinaison du droit de la SA et des règles applicables aux SEL).

Les formes de SEL à connaître sont :

- les SELARL : SEL à responsabilité limitée / les SELAS : SEL par actions simplifiée ;
- les SELAFA : SEL à forme anonyme / les SELCA : SEL en commandite par actions.

Fonctionnement

Direction	Tous les dirigeants doivent en principe être des professionnels exerçant au sein de la société
Associés	• Contrôle du capital et des droits de vote par les professionnels • Responsabilité des associés limitée au montant de leurs apports (sauf pour les commandités de SELCA). Attention : chaque associé répond indéfiniment de ses actes professionnels avec solidarité de la société • Agrément nécessaire pour la cession des droits sociaux
Contrôle	• Contrôles selon la structure (ex. : pour la SELAFA, un CA et, éventuellement, un CAC) • Contrôle par les ordres professionnels ou par l'autorité publique

2 Utilités

Les professions libérales bénéficient de structures sociétaires spécifiques : la SEL constitue l'une des principales possibilités d'exercice pour les professionnels libéraux avec la SCP (↪ fiche 25).

La SEL permet aux professionnels libéraux de trouver des financements plus facilement, de mutualiser leurs moyens ou de se regrouper en réseaux, tout en assurant leur indépendance et le respect de règles déontologiques puisque les professionnels en exercice dans la société doivent détenir la majorité du capital et le pouvoir de direction.

Les **sociétés pluriprofessionnelles d'exercice** (SPE) permettent de faciliter la création de sociétés ayant pour objet l'exercice en commun de plusieurs professions libérales réglementées.

▸ **Exemple**

Des professionnels du droit et du chiffre peuvent exercer ensemble pour proposer à leur clientèle des prestations à la fois juridiques et financières. ◂

LE + DE L'EXPERT

La SEL revêt un caractère commercial mais les conflits relatifs à cette forme sociale relèvent de la compétence du tribunal judiciaire.

25 Sociétés civiles de droit commun (SC), SCI, SCM et SCP

Mots-clés

Sociétés civiles • SCI • SCM • SCP

1 Société civile de droit commun

Définition

Les **sociétés civiles** sont celles auxquelles la loi n'attribue pas un autre caractère à raison de leur forme, de leur nature ou de leur objet.

A. Constitution

L'objet de la société est nécessairement civil (ex. : activité artisanale, agricole, immobilière, libérale, de création intellectuelle).

Au moins deux associés, personnes physiques ou morales, composent la société civile.

Aucun montant minimum du capital social, composé des apports en numéraire et en nature, n'est exigé. Les apports en industrie sont autorisés. Le capital peut être variable. Les associés reçoivent des parts sociales de valeur égale.

Écrits, les statuts sont publiés.

B. Fonctionnement

Gérance	• Un ou plusieurs gérants, personnes physiques ou morales, nommés par les associés représentant plus de la moitié des parts sociales • Pouvoirs similaires à ceux du gérant de SNC (↪ fiche 21) • Révocable (avec indemnités en l'absence de juste motif) par décision des associés représentant plus de la moitié des parts sociales (ou autre majorité statutaire) ou par le juge à la demande de tout associé pour motif légitime
Associés	• Droit à l'information (↪ fiche 8) • Droit de vote (un associé équivaut à une voix ou autre disposition statutaire). En principe, l'unanimité est requise (avec dérogation statutaire possible) • Droit de retrait avec remboursement de la valeur des parts, dans les conditions statutaires ou sur accord unanime des autres associés ou sur autorisation judiciaire pour justes motifs (ex. : mésentente entraînant la paralysie de la société) • Agrément pour les cessions de parts (en principe à l'unanimité des associés, sauf disposition statutaire) • Responsabilité indéfinie et conjointe pour les dettes sociales

C. Dissolution

Outre les causes communes à toutes les sociétés, le décès d'un associé entraîne la dissolution de la société civile si les statuts le prévoient.

2 SCI, SCP et SCM

Définitions

- La **SCI** est utilisée pour des opérations de construction, de commercialisation ou de gestion d'immeubles.
- Les **SCP** permettent l'exercice en commun par des personnes physiques d'une même profession libérale réglementée.
- La **SCM** a pour objet la prestation de services ou la fourniture de moyens matériels (ex. : locaux, appareils, personnel) à ses membres exerçant une profession libérale. Elle n'a pas pour objet l'exercice de la profession.

Les SCI, SCP et SCM obéissent au droit commun des sociétés civiles, avec quelques particularités.

Utilités des SCI, SCP, SCM

SCI	• Optimisation d'un investissement : la SCI permet à plusieurs personnes de réaliser un investissement immobilier important dépassant les capacités financières de chacune d'entre elles • Protection d'un patrimoine : l'apporteur d'un bien immobilier à une SCI en perd la propriété, ses créanciers ne pouvant plus le saisir, sauf fraude. Ils pourront saisir les parts de SCI, dont la vente forcée est aléatoire car le marché est fermé • Gestion des biens de concubins ou d'un majeur protégé • Organisation d'une succession : quand une personne décède ses biens tombent en indivision, avec des risques de blocage. Si une SCI a été constituée, les parts tombent en indivision et non les immeubles eux-mêmes, la SCI pouvant continuer de fonctionner normalement si elle dispose d'un gérant • Séparation des actifs immobiliers et commerciaux d'une société
SCP	• Exercice en commun d'une profession (nécessité d'un agrément) : constitution de cabinets de groupe avec partage des bénéfices en sauvegardant le principe de l'exercice personnel de la profession, et préservant l'indépendance du professionnel et la liberté de choix du client. Les associés sont des professionnels en exercice • Possibilité pour les SCP de conclure des contrats avec des tiers, ce qui facilite les aspects matériels de l'exercice en commun (ex. : contrat d'entretien du matériel informatique)
SCM	• Regroupement et mutualisation des frais d'exploitation sans exercer en commun • Absence de clientèle et de recettes propres à la société, dépenses couvertes par les versements des associés

LE + DE L'EXPERT

Les sociétés civiles représentent la moitié des sociétés actives en France. Elles servent à gérer un patrimoine, accueillent une fortune immobilière et sont également utilisées dans les secteurs agricole et libéral.

26 Sociétés agricoles

Mots-clés

Activité agricole • EARL • GAEC • Société agricole

Définitions

- L'**activité agricole** est notamment l'activité de maîtrise et d'exploitation d'un cycle biologique, animal ou végétal.
- Une **société agricole** permet l'exercice d'une activité agricole sous forme sociétaire.

1 Principales règles de fonctionnement

A. GAEC

Définition

Le groupement agricole d'exploitation en commun (**GAEC**) est une société civile permettant à des agriculteurs associés la réalisation d'un travail en commun dans des conditions comparables à celles existant dans les exploitations à caractère familial.

Il existe deux types de GAEC :

- le GAEC total consiste en la mise en commun de l'ensemble des activités des associés ;
- le GAEC partiel consiste en la mise en commun d'une partie seulement des activités des associés.

Constitution du GAEC

Conditions de fond	• Associés : – 2 à 10 associés, personnes physiques, qui travaillent tous effectivement au sein du groupement contre rémunération – interdiction à un associé de détenir la majorité • Capital social : montant minimum 1 500 €, variable ou fixe, divisé en parts sociales d'une valeur minimale de 7,50 €
Conditions de forme	• Formalités : statuts écrits • Immatriculation au RCS • Obtention d'un agrément préfectoral

Fonctionnement du GAEC

Gestion	Un ou plusieurs gérants, associés
Associés	• Assemblée : tous les membres du groupement participent à égalité à la conduite des affaires sociales : principe « Un homme, une voix » • Responsabilité des associés : – dettes contractuelles du groupement : limitée à deux fois la fraction du capital détenue par l'associé (sauf exception statutaire) – dettes extracontractuelles du groupement (ex. : dettes légales), responsabilité indéfinie et conjointe • Exclusion des associés possible selon les causes prévues aux statuts • Retrait des associés possible en cas de motif grave et légitime, sur autorisation des autres associés ou du juge

B. EARL

Définition

L'exploitation agricole à responsabilité limitée (**EARL**) est une société civile à objet agricole, dans laquelle les associés voient leur responsabilité limitée à leurs apports.

Constitution de l'EARL

Conditions de fond	• Objet : exercice d'activités agricoles. • Associés : entre 1 et 10, personnes physiques. Deux types d'associés : les associés participant effectivement à l'exploitation (obligatoirement majeurs) et les autres. • Responsabilité limitée des associés au montant des apports. • Capital minimum 7 500 €, divisé en parts sociales. Tous les apports sont possibles.
Conditions de forme	Formalités : statuts écrits et publiés.

Fonctionnement de l'EARL

Gérance	• Un ou plusieurs associés-exploitants (désigné à la majorité de plus de la moitié des parts sociales) • Mêmes pouvoirs que les gérants de sociétés civiles (➥ fiche 25)
Dissolution	• Si le nombre de parts sociales des associés-exploitants n'excède plus la moitié du capital social • Si le gérant n'est plus exploitant • Si le capital est inférieur au minimum légal

2 Utilités

Les sociétés agricoles permettent :

- aux agriculteurs de se regrouper pour constituer des exploitations viables (en diminuant les charges d'exploitation ou en augmentant leur compétitivité) tout en protégeant leur patrimoine personnel (responsabilité limitée) ;
- aux pouvoirs publics de favoriser l'installation et le maintien d'un nombre suffisant d'agriculteurs.

La création de sociétés agricoles engendre des moyens, notamment une surface et un capital d'exploitation suffisants (seul, même en empruntant, il est difficile, voire impossible, à un agriculteur d'y arriver).

La société agricole peut également permettre de bénéficier d'aides plus conséquentes (PAC notamment) et présente des avantages fiscaux (ex. : le GAEC est dit « fiscalement transparent » : chaque exploitant est traité indépendamment).

LE + DE L'EXPERT

On constate un agrandissement des surfaces exploitées, qui s'accompagne d'une hausse du nombre de sociétés agricoles. En 2016, 36 % des exploitations avaient un statut de société, pour 64 % de la superficie agricole française et 61 % de la force de travail du secteur. Les formes sociétaires concernent près de sept exploitations sur dix parmi les grandes exploitations, avec une préférence pour les EARL. Dans les petites exploitations, le statut d'entrepreneur individuel reste majoritaire (Insee, 2019).

27 Groupement d'intérêt économique (GIE)

Mots-clés

Activité économique • GIE

Définition

Le groupement d'intérêt économique (GIE) a pour but de faciliter ou de développer l'activité économique de ses membres, d'améliorer ou d'accroître les résultats de cette activité, et non de réaliser des bénéfices pour lui-même. Son activité doit se rattacher à l'activité économique de ses membres et ne peut avoir qu'un caractère auxiliaire par rapport à celle-ci.

1 Constitution

A. Conditions de fond

Le GIE doit satisfaire quatre conditions de fond :

- Un objet économique, auxiliaire aux activités des membres. But exclusif : faciliter ou développer l'**activité économique** de ses membres, améliorer ou accroître les résultats de cette activité.
- Au moins deux membres, personnes physiques ou morales, dont la responsabilité est indéfinie et solidaire.
- Un capital non obligatoire et qui peut être variable.
- L'attribution de parts sociales aux membres.

B. Conditions de forme

Deux conditions de forme doivent être satisfaites :

- le contrat est écrit et à durée déterminée ;
- le groupement est immatriculé au RCS (absence de publication au JAL).

2 Fonctionnement

A. Membres

L'AG des membres peut prendre toutes décisions. Les bénéfices ne sont pas redistribués aux membres du GIE mais ils peuvent être mis en réserve.

B. Administrateurs

Le GIE est administré par une ou plusieurs personnes physiques ou morales dont les pouvoirs sont déterminés par le contrat.

C. Contrôle

Le contrôle de la gestion est organisé par le contrat :

- les contrôleurs sont obligatoirement des personnes physiques ;
- les contrôleurs sont désignés par l'AG si le GIE émet des obligations.

Le contrôle des comptes est organisé par le contrat et implique la nomination obligatoire d'un CAC si le GIE émet des obligations ou s'il emploie au moins 100 salariés.

D. Dissolution

Outre les causes communes à toutes les sociétés (↳ fiche 10), le décès ou l'incapacité d'une personne physique membre ou encore la dissolution d'une personne morale membre constitue également une cause de dissolution.

3 Utilités

Le GIE présente des avantages :

- un régime juridique souple ;
- un objet qui peut être civil ou commercial (recherche, études de marché, gestion, bureau de représentation à l'étranger, activités libérales).

Le GIE revêt également des inconvénients :

- la responsabilité des membres ;
- le caractère auxiliaire de l'activité (ne peut pas être utilisé pour gérer un fonds de commerce, ou créer une entreprise nouvelle).

LE + DE L'EXPERT

Le GIE permet la mutualisation de ressources, matérielles ou humaines, par des entreprises préexistantes. Il s'agit d'une structure juridique spécifique, aux côtés de la société et de l'association.

28 Prévention des difficultés des entreprises

Mots-clés

Cessation des paiements • Conciliation • Droit des entreprises en difficulté • Mandat *ad hoc* • Privilège de conciliation

1 Notion d'entreprise en difficulté

Le droit des entreprises en difficulté s'applique :

- aux personnes physiques, exerçant une activité commerciale, artisanale, agricole, professionnelle indépendante, et aux personnes morales de droit privé…
- … rencontrant des difficultés de nature juridique, économique, sociale qui pourraient, à terme, compromettre la continuité de l'exploitation.

La notion de cessation des paiements est un repère permettant d'évaluer la gravité des difficultés et de déterminer la procédure applicable.

Définition

La cessation des paiements correspond à l'impossibilité pour une entreprise de faire face à son passif exigible au moyen de son actif disponible.

Éléments constitutifs de la cessation des paiements

Passif exigible	Actif disponible
• Ensemble des dettes certaines, liquides et exigibles (arrivées à échéance) restant impayées • Sont exclues les dettes contestées dans le cadre d'une action en justice et les dettes échues pour lesquelles le créancier a accordé un délai de paiement supplémentaire (moratoire)	• Actif immédiatement réalisable (sommes en caisse, soldes créditeurs des comptes bancaires, effets de commerce escomptables) • Réserves de crédit (découvert bancaire, avance en compte courant) • À l'exclusion de l'actif immobilisé, non réalisable à court terme

Si l'entreprise ne parvient pas à surmonter les difficultés par elle-même, plusieurs procédures peuvent être engagées.

Procédures envisageables selon le degré de difficulté

Absence de cessation des paiements mais des difficultés que l'entreprise ne peut surmonter seule	• Mandat *ad hoc* • Conciliation • Sauvegarde
Cessation des paiements datant d'au plus 45 jours	• Conciliation • Redressement judiciaire • Liquidation judiciaire
Cessation des paiements datant de plus de 45 jours	• Redressement judiciaire • Liquidation judiciaire

2 Mandat *ad hoc*

Définition

Le **mandat *ad hoc*** vise à résoudre, en recourant à un mandataire *ad hoc*, les difficultés économiques ou juridiques rencontrées par une entreprise.

De l'initiative à la fin de la procédure

Initiative	Demande du représentant de l'entreprise en difficulté au président du tribunal de désigner un mandataire *ad hoc*
Mission du mandataire	• Recherche de solutions pour aider l'entreprise à surmonter ses difficultés (ex. : recherche de partenaires potentiels, négociation de délais ou de remises de dettes avec les fournisseurs, résolution d'un conflit entre associés) • Gestion de l'entreprise assurée par le dirigeant
Publicité	Aucune
Issue de la procédure	• Remise par le mandataire du rapport au président du tribunal constatant l'échec ou le succès de la mission • En cas de succès, conclusion par l'entreprise d'un accord amiable mettant fin à ses difficultés

3 Procédure de conciliation

A. Ouverture de la procédure

Définition

La procédure de **conciliation** vise à résoudre les difficultés rencontrées par l'entreprise grâce à l'intervention d'un conciliateur.

De l'initiative à la publicité de la procédure

Initiative	Demande du représentant de l'entreprise en difficulté au président du tribunal
Conditions d'ouverture	• Personne physique ou personne morale de droit privé exerçant une activité commerciale, artisanale indépendante… • … rencontrant des difficultés juridiques, économiques ou financières, réelles ou prévisibles… • … n'étant pas en cessation des paiements (ou depuis 45 jours au plus)… • … n'ayant pas fait l'objet d'une procédure de conciliation au cours des 3 mois précédents
Publicité	Aucune (sauf en cas d'homologation de l'accord de conciliation)

B. Déroulement de la procédure

Le contenu de la mission du conciliateur est fixé par le président du tribunal. La mission vise à :

- favoriser la conclusion d'un accord, en rapprochant l'entreprise débitrice de ses principaux créanciers et cocontractants et en animant la négociation ;
- éventuellement, à la demande de l'entreprise, et après avis des créanciers concernés, préparer la cession totale ou partielle de l'entreprise, qui pourrait intervenir lors d'une procédure collective ultérieure (↪ fiche 29).

Pendant toute la durée de la procédure, la gestion est assurée par le dirigeant. Les créanciers sont libres de participer aux négociations animées par le conciliateur et d'accepter ou non les propositions. Ils ont également un droit d'action individuelle contre l'entreprise (qui peut demander au juge des délais de paiement).

C. Issue de la procédure

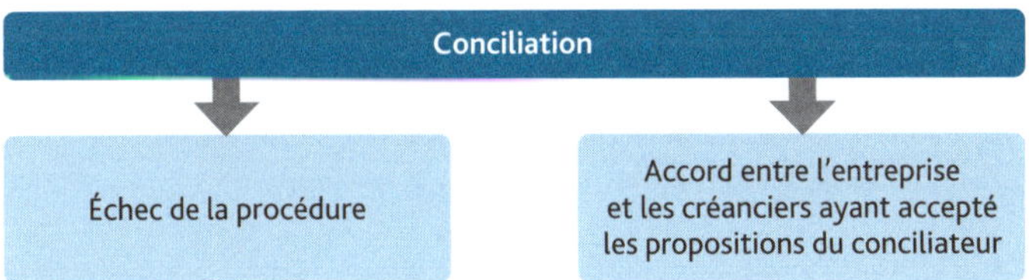

Effets juridiques de l'accord

Le droit commun des contrats s'applique : seuls les créanciers signataires de l'accord sont engagés.

Constatation ou homologation de l'accord

La constatation de l'accord peut être demandée au juge pour rendre la conciliation plus efficace (meilleure protection de l'entreprise, renforcement des garanties des créanciers).

Modalités de constatation ou d'homologation de l'accord

	Constatation de l'accord	Homologation de l'accord
Initiative	Demande commune de l'entreprise et des créanciers signataires de l'accord	Demande de l'entreprise
Conditions	• L'entreprise n'est pas en cessation des paiements • Ou l'accord met fin à la cessation des paiements	• L'entreprise n'est pas en cessation des paiements ou l'accord met fin à la cessation des paiements • L'accord permet d'assurer la pérennité de l'entreprise • L'accord ne nuit pas aux intérêts des créanciers non signataires

	Constatation de l'accord	Homologation de l'accord
Publicité	Aucune	• Communication de l'accord aux représentants du personnel dès la demande d'homologation • Publication du jugement d'homologation au greffe du tribunal et dans un JAL • Information du CAC, le cas échéant

Effets de l'accord constaté ou homologué

L'accord revêt force exécutoire. Il empêche tout créancier signataire d'agir individuellement contre l'entreprise et interrompt toute action en cours.

L'entreprise a la possibilité de demander des délais de paiement pour les créances qui ne seraient pas concernées par l'accord.

En cas d'accord homologué, le **privilège de conciliation** permet aux créanciers qui, au cours de la procédure de conciliation, ont apporté à l'entreprise de la trésorerie ou fourni des biens ou services, d'être payés en priorité avant les autres créanciers lors d'une procédure collective ultérieure.

LE + DE L'EXPERT

- La nomination d'un mandataire *ad hoc* ou d'un conciliateur ne fait l'objet d'aucune publicité.
- Le mandataire *ad hoc* et le conciliateur sont soumis à une obligation de confidentialité qui s'étend à toute personne ayant connaissance de la procédure.
- Seul l'accord de conciliation homologué donne lieu à publicité.

29 Traitement des difficultés des entreprises

Mots-clés

Jugement d'ouverture • Liquidation judiciaire • Procédure judiciaire collective • Redressement judiciaire • Sauvegarde

1 Notion de procédure collective

Trois **procédures collectives** permettent le traitement des difficultés d'une entreprise :

- la procédure de **sauvegarde** (↪ fiche 30) ;
- la procédure de **redressement judiciaire** (↪ fiche 31) ;
- la procédure de **liquidation judiciaire** (↪ fiche 31).

Ces procédures sont qualifiées de collectives car :

- elles concernent tous les créanciers de l'entreprise ;
- les créanciers sont traités de manière égalitaire ;
- les créanciers perdent le droit d'agir individuellement.

Le tribunal saisi d'une demande prononce un **jugement d'ouverture**, qui est publié et qui contient notamment la désignation des acteurs de la procédure.

2 Acteurs des procédures collectives

Le juge-commissaire, le mandataire judiciaire, l'administrateur judiciaire et le représentant des salariés interviennent dans les trois procédures. Le commissaire à l'exécution du plan joue un rôle dans la procédure de sauvegarde et de redressement judiciaire. Le liquidateur n'intervient qu'au cours de la procédure de liquidation.

Juge-commissaire	• Nommé par le tribunal. • Chargé : – de veiller au déroulement rapide de la procédure et à la protection des intérêts en présence ; – de surveiller l'administration de l'entreprise pendant la procédure.
Mandataire judiciaire	• Nommé par le tribunal. • Chargé de représenter les créanciers.
Représentant des salariés	• Désigné par le CSE (ou, à défaut, par les salariés). • Chargé de représenter les salariés.
Administrateur judiciaire	• Nommé par le tribunal (obligatoire si plus de 20 salariés ou 3 000 000 € de CA). • Chargé : – d'assister le chef d'entreprise dans sa gestion pendant la période d'observation ; – de préparer le plan après avoir établi le bilan économique et social.

Rôles respectifs du dirigeant et de l'administrateur judiciaire

Dirigeant	Administrateur judiciaire
Exercice de ses pouvoirs de gestion avec deux limites : – interdiction de payer les créances antérieures et les créances postérieures non privilégiées – autorisation préalable du juge-commissaire pour les actes de disposition ne relevant pas de la gestion courante (ex. : vente de biens autres que des marchandises)	• Mission déterminée par le juge : – surveillance de la gestion (contrôle *a posteriori* des actes du dirigeant) – ou assistance du dirigeant dans ses actes (cosignature) • Inopposabilité des actes passés par le dirigeant seul (sauf les actes de gestion courante avec des cocontractants de bonne foi)

B. Sort des contrats en cours

Les contrats en cours sont en principe poursuivis, avec option pour la continuation ou la renonciation, exercée par l'administrateur judiciaire (ou, à défaut, du représentant de l'entreprise sur accord du mandataire judiciaire) pour la continuation ou la renonciation.

C. Situation des créanciers

On distingue les créanciers selon la date (**créanciers antérieurs** et **créanciers postérieurs**) et la nature (privilégiée ou non) de leur créance.

Créanciers antérieurs et postérieurs, privilégiés ou non

<table>
<tr><td>Créanciers antérieurs (créances nées avant le jugement d'ouverture)</td><td rowspan="2">• Déclaration obligatoire par chaque créancier de sa créance au mandataire judiciaire, qui la vérifie.
• Admission ou rejet de la créance par le juge-commissaire
• Droits restreints en période d'observation : aucun paiement, actions individuelles en paiement contre l'entreprise interdites ; actions en cours interrompues, intérêts de retard non dus</td></tr>
<tr><td>Créanciers postérieurs non privilégiés (créances nées après le jugement d'ouverture, non utiles à l'activité ou à la procédure)</td></tr>
<tr><td>Créanciers postérieurs privilégiés (créances nées après le jugement d'ouverture, utiles à l'activité ou à la procédure)</td><td>• Payés en principe à l'échéance de leur créance
• À défaut, paiement à l'issue de la procédure en priorité, avant les créanciers antérieurs et postérieurs non privilégiés</td></tr>
</table>

▸ Exemple

Une procédure de sauvegarde a été ouverte le 15 juin N pour la société Géro fixant la période d'observation à 6 mois. La dernière facture de son fournisseur, la société Trap, est impayée depuis le 1er avril. Trap, créancier antérieur, doit déclarer sa créance au mandataire judiciaire. En juillet, la société Armor vend à la société Géro des marchandises pour un montant de 12 000 €, payable au 1er septembre. La société Armor, créancier postérieur privilégié, sera en principe payé à cette date. Sinon, il sera payé en priorité à l'issue de la procédure. ◂

3 Issue de la procédure : le plan de sauvegarde

A. Étapes de l'adoption du plan de sauvegarde

Bilan économique et social établi par l'administrateur judiciaire → **Projet de plan** élaboré par l' entreprise avec l'aide de l'administrateur → **Accord ou refus** de chaque créancier sur les propositions de remises ou de délais → **Adoption du plan** par le tribunal s'il permet la sauvegarde de l'entreprise

B. Contenu du plan de sauvegarde

Exemples de mesures de restructuration de l'entreprise	Exemples de mesures d'apurement du passif
• Arrêt d'une partie de l'activité • Cession d'une branche autonome d'activité • Cession isolée d'éléments d'actif • Inaliénabilité de certains biens nécessaires à l'activité pendant la durée du plan, leur vente étant soumise à autorisation du tribunal • Licenciements pour motif économique	• Remises de dettes et délais de paiement accordés par les créanciers • Délai de paiement uniforme pouvant être imposé par le tribunal aux créanciers qui ont refusé les propositions • Exception : créances payables sans remise ni délai : salaires, créances de faible montant (inférieur à 500 €, dans la limite de 5 % des créances) et créances bénéficiant du privilège de conciliation

C. Exécution du plan de sauvegarde

Le commissaire à l'exécution du plan veille à sa bonne exécution et paye les créanciers. Si la situation de l'entreprise évolue, le tribunal peut modifier le plan. En cas d'inexécution, le tribunal peut prononcer la résolution du plan et l'ouverture d'une procédure de redressement judiciaire ou de liquidation judiciaire si l'entreprise est en cessation des paiements.

LE + DE L'EXPERT

Une procédure de sauvegarde accélérée peut être mise en œuvre pour les entreprises de taille importante faisant l'objet d'une procédure de conciliation en cours et ayant négocié un plan permettant d'assurer la pérennité de l'activité s'il a recueilli le soutien de la plupart des créanciers.

31 Procédures de redressement et de liquidation judiciaires

Mots-clés

Liquidation judiciaire • Période suspecte • Plan de redressement • Redressement judiciaire

1 Procédure de redressement judiciaire

Définition

La procédure de **redressement judiciaire** permet à une entreprise en cessation des paiements (↪ fiche 28) mais dont le redressement paraît possible, de poursuivre son activité afin d'éviter une aggravation de ses difficultés susceptible de conduire à sa disparition.

Étapes de la procédure de redressement judiciaire

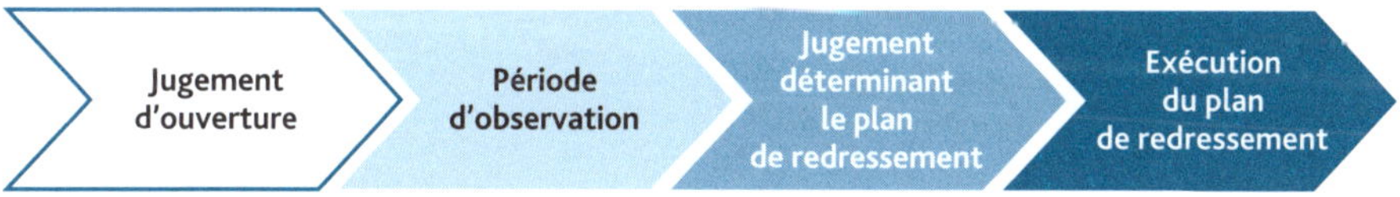

A. Ouverture de la procédure

La procédure peut être ouverte :

- à l'initiative du dirigeant, qui a l'obligation de la demander dans les 45 jours de la cessation des paiements ;
- à l'initiative d'un créancier dont la créance est exigible ;
- à l'initiative du procureur de la République ;
- sur décision du tribunal par conversion d'une procédure de conciliation ou de sauvegarde en cours.

La procédure a pour finalités la poursuite de l'activité, le maintien des emplois et le règlement des dettes de l'entreprise.

Fixée par le tribunal, la date de cessation des paiements correspond :

- soit à la date du jugement d'ouverture ;
- soit à une date antérieure (18 mois max. avant celui-ci) ;
- soit à la date de l'accord homologué (en cas de conciliation).

S'ouvre alors la période dite « suspecte ».

Définition

La **période suspecte** est le moment compris entre la date de cessation des paiements et le jugement d'ouverture pendant laquelle le juge peut annuler certains actes passés qui diminuent l'actif de l'entreprise.

B. Déroulement de la procédure

Les règles relatives au déroulement de la procédure de sauvegarde sont applicables au redressement judiciaire (↪ fiche 30).

L'entreprise poursuit son activité, gérée par le dirigeant assisté par l'administrateur judiciaire, ou gérée par l'administrateur judiciaire représentant le dirigeant.

Rôles respectifs du dirigeant et de l'administrateur judiciaire

Gestion par le dirigeant, assisté par l'administrateur judiciaire	Gestion par l'administrateur judiciaire, représentant le dirigeant
• Exercice par le dirigeant des pouvoirs de gestion sous certaines limites : – interdiction de payer les créances antérieures et les créances postérieures non privilégiées – autorisation préalable du juge-commissaire pour les actes de disposition ne relevant pas de la gestion courante • Mission d'assistance de l'administrateur judiciaire (cosignature des actes de gestion)	• Dessaisissement du dirigeant de tout ou partie de ses pouvoirs de gestion sur décision du tribunal • Gestion assurée par l'administrateur judiciaire à la place du dirigeant

C. Issue de la procédure : le plan de redressement

Les règles relatives au plan de sauvegarde sont applicables au **plan de redressement**, sauf dispositions spécifiques :

- le tribunal peut décider la cession totale de l'entreprise ;
- le tribunal peut écarter les dirigeants, leur imposer une cession forcée de leurs droits sociaux ou leur interdire cette cession, les sanctionner par une interdiction de gérer s'ils sont fautifs.

2 Procédure de liquidation judiciaire

Définition

La procédure de **liquidation judiciaire** concerne toute entreprise en cessation des paiements et qui ne peut pas se redresser. Elle conduit à la fin de l'activité et à la cession des actifs afin de régler les créanciers.

Étapes de la procédure de liquidation judiciaire

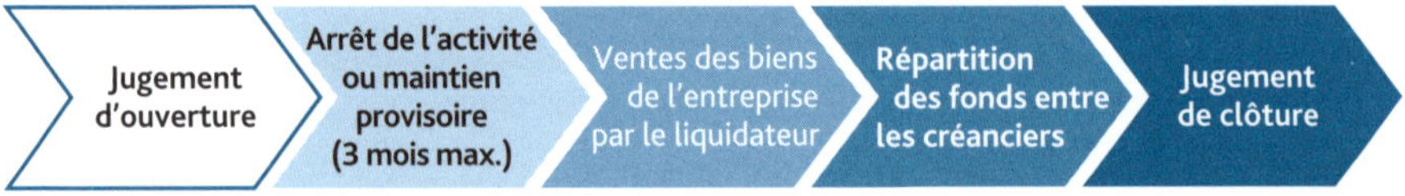

A. Ouverture de la procédure

La liquidation judiciaire vise à mettre fin définitivement à l'activité de l'entreprise en vendant ses actifs pour permettre le règlement du passif ou céder l'entreprise à un tiers qui reprend l'activité.

Les règles relatives à l'initiative, à la fixation de la date de cessation des paiements et à la période suspecte sont identiques à celles de la procédure de redressement judiciaire.

B. Déroulement de la procédure

Activité	• Principe : arrêt • Exception : maintien provisoire de l'activité (3 mois max., renouvelable une fois)
Droits sur le patrimoine de l'entreprise	• À partir du jugement d'ouverture, exercice par le liquidateur de tous les actes d'administration et de disposition relatifs au patrimoine • Sanction d'un acte passé par le dirigeant : inopposabilité de l'acte
Cession des actifs	Deux hypothèses : – cession isolée des différents biens par le liquidateur sur autorisation du juge-commissaire – cession totale de l'entreprise à un repreneur dans le cadre d'un plan de cession adopté par le tribunal après présentation d'offres d'acquisition publiées
Règlement des créanciers	• Exigibilité immédiate des créances qui doivent être déclarées au liquidateur • Répartition du prix de vente des actifs par le liquidateur entre les créanciers selon un ordre déterminé : 1. salariés superprivilégiés, 2. créanciers bénéficiant du privilège de conciliation, 3. créanciers postérieurs privilégiés, 4. autres créanciers (au *prorata* de la créance si les fonds sont insuffisants)

C. Issue de la procédure : le jugement de clôture

Clôture pour extinction du passif	Clôture pour insuffisance d'actif
• Règlement intégral des créanciers sur le prix de vente des actifs • Restauration des droits de l'entreprise sur le patrimoine restant	• Prix de vente des actifs inférieur au montant total des créances • Conséquence : impossibilité pour les créanciers non réglés d'agir contre l'entreprise • En cas de faute de gestion du dirigeant, condamnation possible de celui-ci par le tribunal à supporter, sur son patrimoine personnel, les sommes non réglées aux créanciers

LE + DE L'EXPERT

Une procédure de liquidation judiciaire simplifiée est prévue pour les entreprises de petite taille ne possédant aucun immeuble.

32 Responsabilité pénale : généralités

Mots-clés

Amende • Auteur • Complice • Élément légal • Élément matériel • Élément moral • Emprisonnement • Infraction • Peine • Tentative d'infraction

Définitions

- L'**infraction** consiste en la violation de la loi, résultant d'une action ou d'une omission par une personne physique ou morale, frappée d'une sanction pénale en raison du trouble causé à l'ordre social.
- La **peine** est la sanction infligée à l'auteur de l'infraction ou à son complice par la juridiction pénale conformément aux textes (peine prononcée).

1 Classification et éléments constitutifs de l'infraction

A. Classification des infractions

Classification tripartite

	Contravention	Délit	Crime
Détermination	Définie par le règlement	Défini par la loi	Défini par la loi
Juridiction	Tribunal de police	Tribunal correctionnel	Cour d'assises

La loi ne précise pas la catégorie des infractions ; c'est la peine prévue qui qualifie le comportement.

Peines principales prévues par les textes

	Personne physique	Personne morale
Crimes	• Peine d'**emprisonnement** supérieure à 10 ans (réclusion criminelle)	• Amende ≤ 1 000 000 €
Délits	• **Amende** ≥ 3 750 € • et/ou peine d'emprisonnement ≤ 10 ans (emprisonnement)	• Amende 5 fois supérieure à celle prévue pour les personnes physiques
Contraventions	• Amende ≤ 1 500 €	• Amende 5 fois supérieure à celle prévue pour les personnes physiques

Les peines complémentaires (ex. : déchéance de droits, confiscation d'un bien) peuvent aller jusqu'à la dissolution pour les personnes morales.

La loi prévoit des peines maximum (peine encourue). Après le jugement, la personne morale ou physique condamnée exécute les peines, sous l'autorité du procureur, le cas échéant avec le concours du juge d'application des peines (JAP).

B. Éléments constitutifs de l'infraction

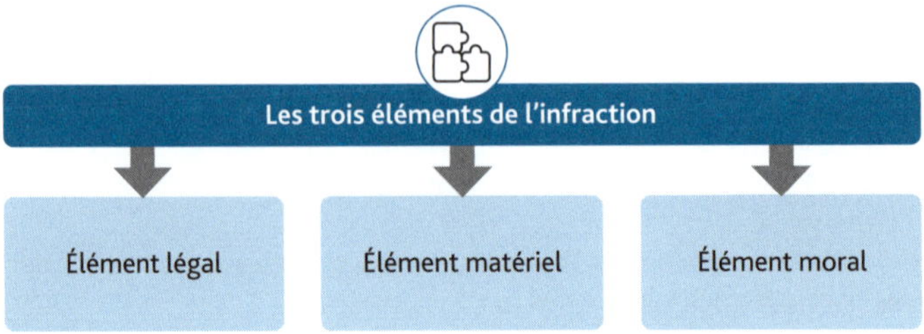

Élément légal

Définition

L'**élément légal** provient du règlement ou de la loi qui définit les éléments constitutifs de l'infraction et la peine encourue.

En droit pénal des affaires, deux codes s'appliquent : le Code pénal et le Code de commerce.

Élément matériel

Définition

L'**élément matériel** réside soit dans un acte positif, une action (ex. : détournement de biens sociaux), soit dans un acte négatif, une omission (ex. : non-révélation de faits délictueux par le CAC).

Un acte matériel est toujours exigé. L'infraction est cependant punissable même sans résultat : la **tentative d'infraction** expose son auteur aux mêmes sanctions que l'infraction consommée.

- La tentative est :
  - toujours punissable en matière criminelle ;
  - si la loi le prévoit, en matière délictuelle ;
  - non punissable, en matière contraventionnelle.
- Elle suppose un commencement d'exécution et une absence de désistement volontaire.

Élément moral

Définition

L'**élément moral** correspond à la volonté ou à la conscience de l'auteur de l'acte matériel de violer la loi.

Il doit y avoir :

- Une intention criminelle : l'auteur a voulu l'acte et ses conséquences (crimes et majorité des délits).
- Ou une faute pénale : l'auteur a voulu l'acte mais non ses conséquences (infraction non intentionnelle : délits d'imprudence ou de négligence et contraventions).

2 Identification de la personne pénalement responsable

A. Auteur

Définition

L'**auteur** est la personne physique ou morale qui exécute matériellement l'acte prohibé par la loi. Lorsqu'elle n'agit pas seule, on parle de coauteur.

Certaines situations peuvent écarter ou atténuer la responsabilité pénale de l'auteur d'une infraction :

- les faits justificatifs sont les circonstances qui peuvent justifier la commission d'une infraction (ex. : légitime défense) ;
- l'auteur devant avoir une pleine conscience de ses actes, certaines raisons peuvent empêcher de lui imputer une infraction, entraînant irresponsabilité ou diminution de la responsabilité (ex. : trouble mental).

B. Complice

Définition

Le **complice** est celui qui, par son aide ou son assistance, a facilité la préparation ou la consommation de l'infraction, de façon consciente.

La complicité suppose :

- un élément matériel (aide, assistance, provocation, instructions) ;
- un élément moral (le complice agit sciemment, en connaissance de cause).

LE + DE L'EXPERT

En matière pénale, la prescription varie d'un an (contravention) à 6 ans (délit) ou 20 ans (crime).

Responsabilité du chef d'entreprise (ès qualité)	• Responsabilité pénale personnelle du dirigeant : – pour des infractions matériellement commises par autrui (ex. : salarié) – lorsque la loi impose le respect d'obligations à l'entreprise (ex. : infractions à la législation du travail, tromperie sur les qualités substantielles d'une marchandise vendue, fraude fiscale) • Exonération : cas de la délégation de pouvoirs : – à un salarié pourvu de la compétence, de l'autorité et des moyens nécessaires – acte consensuel entre le dirigeant délégant et son préposé délégataire – accompagné d'un écrit fourni à titre de preuve

LE + DE L'EXPERT

Les infractions les plus courantes ont trait aux domaines économique (ex. : violation des règles de concurrence, contrefaçon...), comptable ou financier (comptes ne donnant pas une image fidèle...) ou à la législation du travail (violation des règles de sécurité au travail, harcèlement, discrimination, emploi dissimulé...).

34 Procédure pénale

Mots-clés

Code de procédure pénale • Enquête préliminaire • Instruction préparatoire • Jugement • Mise en mouvement de l'action publique • Recours

1 Règles de procédure pénale

Le Code de procédure pénale (CPP) définit les règles générales et leur application.

Principes de la procédure pénale

Unité de la justice pénale et de la justice civile	Les mêmes magistrats, sous des appellations différentes, statuent alternativement en matière civile et pénale (ex. : juge du tribunal judiciaire à la fois pour le tribunal judiciaire et le tribunal de police)
Principes directeurs du procès civil	• Collégialité (en principe) • Double degré de juridiction • Contrôle de la Cour de cassation • Tribunal indépendant et impartial • Principe du contradictoire • Délai raisonnable
Présomption d'innocence	Jusqu'à ce que la culpabilité ait été établie par le ministère public (procureur de la République)
Liberté de la preuve	• Preuve libre • Recueil loyal de la preuve

Deux types d'actions possibles

	But	Objet	Exercice	Juge compétent
Action publique	Répression de l'atteinte portée à l'ordre social	Application d'une peine	• Exercée par le procureur de la République • Au nom de la collectivité	Juridictions répressives (tribunal de police, correctionnel, cour d'assises)
Action civile	Réparation du dommage corporel, matériel ou moral consécutif à l'infraction causé à une personne (la victime ou ses héritiers)	Versement de dommages et intérêts	• Par la victime • Accessoirement à l'action publique	Devant le tribunal répressif ou devant le juge civil (qui doit alors attendre que le juge répressif ait statué sur l'action publique)

❷ Étapes de la procédure pénale

En matière de procédure pénale, la **mise en mouvement de l'action publique** est le fait soit du procureur de la République, soit de la victime : aucune juridiction ne peut s'autosaisir.

Procédure pénale

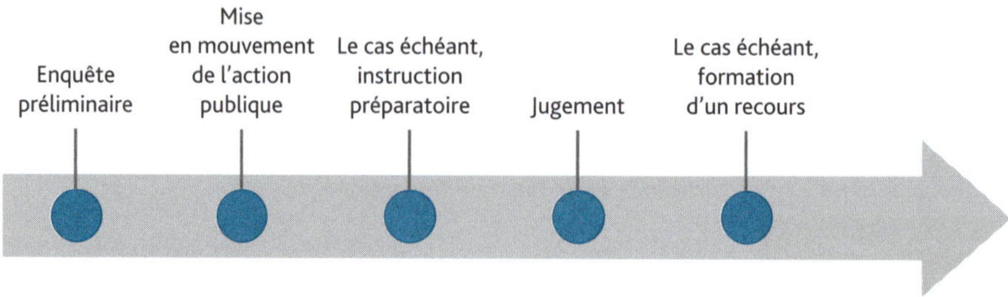

A. Étape 1. Enquête préliminaire

L'**enquête préliminaire** est menée par la police ou la gendarmerie, sous l'autorité du procureur.

B. Étape 2. Mise en mouvement de l'action publique

Initiative	Procureur	Victime
Principe et mise en œuvre	• Principe de l'opportunité des poursuites • Le procureur décide seul de poursuivre ou non l'auteur présumé des faits	• Plainte • Dépôt devant les services de police ou de gendarmerie
Effet	Poursuites devant la juridiction répressive	• La victime demande au procureur des poursuites pénales contre l'auteur (le procureur reste seul à décider de l'opportunité des poursuites) • Pour l'obtention de dommages et intérêts, la victime doit se constituer partie civile auprès du juge d'instruction ou des juridictions de jugement

C. Étape 3. Instruction préparatoire (le cas échéant)

Obligatoire pour les crimes, l'**instruction préparatoire** est facultative en matière de délits (bien qu'elle soit souvent mise en œuvre face à des délits complexes).

L'instruction préparatoire est menée par le juge d'instruction, sur saisine du procureur (réquisitoire introductif aux fins d'informer) ou de de la victime (plainte avec constitution de partie civile).

D. Étape 4. Jugement

Déroulement	Décision
• Directement ou après instruction, examen de l'affaire dans des débats publics et oraux • Interrogatoire du prévenu par le juge, audition des témoins et experts, réquisitoire du procureur et plaidoiries	• Après délibération • Motivée • Prononcé d'une peine si l'auteur est reconnu coupable

E. Étape 5. Voies de recours

Opposition	• Lorsqu'un **jugement** (du tribunal de police ou du tribunal correctionnel) est rendu par défaut, c'est-à-dire en l'absence du prévenu • Devant la même juridiction
Appel	• Voie de réformation exercée devant une juridiction supérieure • Devant la cour d'appel pour les délits ou la cour d'assises d'appel pour les crimes
Cassation	Voie de **recours** qui ne peut être exercée que dans des cas déterminés (violation de la loi) devant la cour de cassation
Révision	Conditionnée par l'apparition d'un fait nouveau, inconnu au moment du procès et susceptible d'établir l'innocence du condamné

LE + DE L'EXPERT

En matière pénale, le droit n'est jamais rétroactif : nul ne peut être poursuivi pour une infraction qui n'existait pas au moment où l'acte a été commis.

35 Infractions de droit commun applicables aux affaires

Mots-clés

Abus de confiance • Escroquerie • Faux • Recel • Usage de faux

1 Abus de confiance

A. Éléments constitutifs

Élément légal	Article 314-1 du Code pénal.
Élément matériel	Fait, pour une personne (ex. : le dirigeant de SNC, SC ou association)… … de detourner des fonds, des valeurs ou un bien quelconque qui lui ont été remis et qu'elle a acceptés à charge de les rendre, de les représenter ou d'en faire un usage déterminé (ex : dans le cadre du mandat)… … au préjudice d'autrui (ex. : la société).
Élément moral	Intention frauduleuse (mauvaise foi requise).

B. Traitement pénal

Les personnes punissables au titre de l'**abus de confiance** sont les personnes physiques ou morales, auteurs ou complices. La tentative n'est pas punissable.

Ces personnes encourent 3 ans d'emprisonnement et 375 000 € d'amende.

2 Escroquerie

A. Éléments constitutifs

Élément légal	Article 313-1 du Code pénal.
Élément matériel	Fait, soit par l'usage d'un faux nom ou d'une fausse qualité, soit par l'abus d'une qualité vraie, soit par l'emploi de manœuvres frauduleuses… … de tromper une personne physique ou morale… … et de la déterminer ainsi à remettre des fonds, des valeurs ou un bien quelconque, à fournir un service ou à consentir un acte opérant obligation ou décharge… … à son préjudice ou au préjudice d'un tiers.
Élément moral	Intention frauduleuse (mauvaise foi requise).

B. Traitement pénal

Les personnes punissables au titre de l'**escroquerie** sont :

- les personnes physiques ou morales, auteurs ou complices ;
- les personnes ayant commis une tentative d'escroquerie.

Ces personnes encourent 5 ans d'emprisonnement et 375 000 € d'amende.

3 Faux et usage de faux

A. Éléments constitutifs

Élément légal	Article 441-1 du Code pénal.
Élément matériel	• Faux : toute altération frauduleuse de la vérité accomplie par quelque moyen que ce soit, dans un écrit ou tout autre support d'expression de la pensée, qui a pour objet ou qui peut avoir pour effet d'établir la preuve d'un droit ou d'un fait ayant des conséquences juridiques de nature à causer un préjudice (ex. : faux en écriture). • Usage de faux : utilisation d'un faux qui cause un préjudice.
Élément moral	Intention frauduleuse (mauvaise foi requise).

B. Traitement pénal

Les personnes punissables, en matière de **faux** et d'**usage de faux**, sont les personnes physiques ou morales, auteurs ou complices. La tentative est également punissable.

Ces personnes encourent 3 ans d'emprisonnement et 45 000 € d'amende.

4 Recel

A. Éléments constitutifs

Élément légal	Article 321-1 du Code pénal.
Élément matériel	Fait de dissimuler, de détenir ou de transmettre une chose, ou de faire office d'intermédiaire afin de la transmettre… … ou de bénéficier, par tout moyen, du produit d'un crime ou d'un délit… … en sachant que cette chose provient d'un crime ou d'un délit.
Élément moral	Connaissance à la fois de : – l'origine frauduleuse de la chose recelée ; – l'acte matériel de recel.

B. Traitement pénal

Les personnes punissables au titre du **recel** sont les personnes physiques ou morales, auteurs ou complices.

Ces personnes encourent 5 ans d'emprisonnement et 375 000 € d'amende.

LE + DE L'EXPERT

Dans la mesure où l'acte de recel favorise la commission d'infractions, le droit le réprime sévèrement.

36 Infractions spécifiques

Mots-clés

Abus de biens sociaux • Distribution de dividendes fictifs • Présentation ou publication de comptes annuels ne donnant pas une image fidèle • Surévaluation frauduleuse d'un apport en nature

1 Surévaluation frauduleuse d'un apport en nature

A. Éléments constitutifs

Élément légal	• Article L. 241-3 du Code de commerce, pour les SARL. • Article L. 242-2 du Code de commerce, pour les sociétés par actions.
Élément matériel	Fait, pour toute personne, de faire attribuer à un apport en nature une évaluation supérieure à sa valeur réelle.
Élément moral	Évaluation mensongère lors de l'évaluation du bien.

B. Traitement pénal

Les personnes punissables en matière de **surévaluation frauduleuse d'un apport en nature** sont celles qui font attribuer à un apport une évaluation supérieure à sa valeur réelle (ex. : dirigeant, apporteur, CAA) et, éventuellement, leurs complices. La tentative n'est pas punissable.

Ces personnes encourent :

- une peine de 5 ans d'emprisonnement et de 375 000 € d'amende (SARL) ;
- 5 ans d'emprisonnement et 9 000 € d'amende (sociétés par actions).

2 Abus de biens sociaux

A. Éléments constitutifs

Élément légal	• Pour les SARL, article L. 241-3 du Code de commerce. • Pour les sociétés par actions : – article L. 242-6 du Code de commerce pour les SA à CA ; – article L. 242-30 du Code de commerce pour les SA à directoire ; – article L. 243-1 du Code de commerce pour les SCA ; – article L. 244-1 du Code de commerce pour les SAS.
Élément matériel	Fait, pour les dirigeants d'une SARL ou d'une société par actions… … de faire des biens ou du crédit de la société… … un usage qu'ils savent contraire à l'intérêt de celle-ci… … à des fins personnelles ou pour favoriser une autre société ou une entreprise dans laquelle ils sont intéressés, directement ou indirectement.

Élément moral	Mauvaise foi doublement requise du dirigeant, lequel doit à la fois : – être conscient du fait que son comportement est contraire à l'intérêt social ; – avoir conscience de l'avantage qu'il en retire.

B. Traitement pénal

Les personnes punissables en matière d'**abus de biens sociaux** sont les dirigeants d'une SARL ou d'une société par actions et, éventuellement, leurs complices. La tentative n'est pas punissable.

Ces personnes encourent une peine d'emprisonnement de 5 ans et une amende de 375 000 €.

3 Distribution de dividendes fictifs

A. Éléments constitutifs

Élément légal	• Pour les SARL, article L. 241-3 du Code de commerce. • Pour les sociétés par actions : – article L. 242-6 du Code de commerce pour les SA à CA ; – article L. 242-30 du Code de commerce pour les SA à directoire ; – article L. 243-1 du Code de commerce pour les SCA ; – article L. 244-1 du Code de commerce pour les SAS.
Élément matériel	Fait, pour les dirigeants d'une SARL ou d'une société par actions, d'opérer entre les associés la répartition de dividendes fictifs, en l'absence d'inventaire ou au moyen d'inventaires frauduleux.
Élément moral	Mauvaise foi doublement requise du dirigeant, lequel doit à la fois : – être conscient de l'inexactitude de l'inventaire ; – avoir conscience du caractère fictif des dividendes distribués.

B. Traitement pénal

Les personnes punissables en matière de **distribution de dividendes fictifs** sont les dirigeants de SARL ou de société par actions et, éventuellement, leurs complices. La tentative n'est pas punissable.

Ces personnes encourent une peine de 5 ans d'emprisonnement et une amende de 375 000 €.

4 Présentation ou publication de comptes annuels ne donnant pas une image fidèle

A. Éléments constitutifs

Élément légal	• Pour les SARL, article L. 241-3 du Code de commerce. • Pour les sociétés par actions : – article L. 242-6 du Code de commerce pour les SA à CA ; – article L. 242-30 du Code de commerce pour les SA à directoire ; – article L. 243-1 du Code de commerce pour les SCA ; – article L. 244-1 du Code de commerce pour les SAS.
Élément matériel	Fait, pour les dirigeants d'une SARL ou d'une société par actions, de publier (pour les sociétés par actions) et/ou de présenter (pour les SARL et les sociétés par actions) aux associés, même en l'absence de toute distribution de dividendes, des comptes annuels ne donnant pas, pour chaque exercice, une image fidèle du résultat des opérations de l'exercice, de la situation financière et du patrimoine.
Élément moral	Mauvaise foi requise : dissimulation de la véritable situation de la société.

B. Traitement pénal

Les personnes punissables en matière de **présentation ou de publication de comptes annuels ne donnant pas une image fidèle** sont les dirigeants de SARL ou de sociétés par actions et, éventuellement, leurs complices.

Ces personnes encourent une peine de 5 ans d'emprisonnement et une amende de 375 000 €.

LE + DE L'EXPERT

Parmi les infractions spécifiques aux sociétés, la plus courante est l'abus de biens sociaux.

37 Responsabilité pénale du CAC

Mots-clés

Auteur • Complice • Profession réglementée • Révélation de faits délictueux

Le CAC exerce une **profession réglementée**, dont l'exercice est protégé. Il est de plus le garant d'une information comptable et financière de qualité.

1 Protection de la profession par le droit pénal

La profession de commissaire aux comptes est protégée par l'existence d'infractions spécifiques.

Infractions protégeant la profession de CAC

	Exercice illégal de la profession de CAC	Exercice de la profession de CAC malgré une incompatibilité
Élément légal	Article L. 820-5 du Code de commerce	Article L. 820-6 du Code de commerce
Élément matériel	• Faire usage du titre de CAC ou exercer la profession • Sans en remplir les conditions (c'est-à-dire sans être inscrit sur la liste ou sans avoir prêté serment) • Ou en subissant une mesure d'interdiction ou de suspension	Fait, pour le CAC, d'accepter, d'exercer ou de conserver ses fonctions, malgré une incompatibilité légale (↪ fiche 9)
Élément moral	Mauvaise foi : le CAC doit avoir conscience de l'infraction	Mauvaise foi
Traitement pénal	1 an d'emprisonnement et 15 000 € d'amende	6 mois d'emprisonnement et 7 500 € d'amende

2 Infractions faisant obstacle au contrôle par le CAC

Les missions du CAC sont protégées par l'existence d'infractions spécifiques.

Infractions protégeant la mission du CAC

	Défaut de désignation ou de convocation d'un CAC	Entrave à la mission du CAC
Élément légal	Article L. 820-4 du Code de commerce	Article L. 820-4 du Code de commerce
Élément matériel	Fait, pour le dirigeant, de ne pas provoquer la désignation du CAC lorsqu'elle est obligatoire (↪ fiche 9) ou de ne pas convoquer le CAC aux AG	Fait, pour le dirigeant, de faire obstacle aux vérifications et contrôles du CAC

	Défaut de désignation ou de convocation d'un CAC	Entrave à la mission du CAC
Élément moral	Simple négligence suffisante	Mauvaise foi
Traitement pénal	Dirigeant de droit : 2 ans d'emprisonnement et 30 000 € d'amende encourus	Dirigeant ou toute personne appartenant à l'entité contrôlée : 5 ans d'emprisonnement et 75 000 € d'amende encourus

3 CAC, auteur ou complice d'infractions

Le CAC peut être poursuivi en tant que **complice** de toute infraction, s'il en remplit les conditions. Il peut également être l'**auteur** d'infractions spécifiques.

Délits commis par le CAC

	Confirmation d'informations mensongères	Non-révélation des faits délictueux au procureur de la République	Violation du secret professionnel
Élément légal	Article L. 820-7 du Code de commerce	Article L. 820-7 du Code de commerce	• Article L. 822-15 du Code de commerce • Article 226-13 du Code pénal
Élément matériel	Fait, pour le CAC, de donner ou de confirmer dans son rapport de fausses informations sur la situation de l'entité contrôlée	Fait, pour le CAC, de ne pas révéler au procureur les faits délictueux dont il a eu connaissance au cours de sa mission	Fait, pour le CAC, de ne pas garder le secret sur les faits, actes ou renseignements dont il a eu connaissance à l'occasion de sa mission
Élément moral	Infraction intentionnelle	Infraction intentionnelle	Infraction intentionnelle
Personne punissable	CAC	CAC	• CAC et ses salariés • Experts
Peine	Cinq ans d'emprisonnement et 75 000 € d'amende encourus	Cinq ans d'emprisonnement et 75 000 € d'amende encourus	Un an d'emprisonnement et 15 000 € d'amende encourus

LE + DE L'EXPERT

0,4 % des missions du commissaire aux comptes donne lieu à la **révélation de faits délictueux**.

Un **entraînement complet** pour un parcours sans faute !

Découvrez la collection « Expert Sup »
sur le portail de l'expertise comptable
www.expert-sup.com

Balades en expertise

Balades en expertise, un podcast original **Dunod**.
Toute l'actualité du droit, de la compta, du management et de l'économie décryptée par nos auteurs.

DUNOD
leader de l'expertise comptable

EDITIONS
FRANCIS LEFEBVRE

82936 - (I) - SOP 90° - 314 - NOC - API

JOUVE-PRINT
733, rue Saint-Léonard, 53100 MAYENNE
N° 2966036R
Dépôt légal : septembre 2021

Imprimé en France